¿POR QUÉ NO ME ENSEÑARON ESTO EN LA ESCUELA?

99 PRINCIPIOS

DE LA ADMINISTRACIÓN

DEL DINERO

PERSONAL A SEGUIR

EN LA VIDA

CARY SIEGEL

La información proporcionada corresponde a la perspectiva del autor. El autor no asume ninguna responsabilidad por su éxito o fracaso financiero.

Derechos de autor © 2016 Simple Strategic Solutions LLC
Todos los Derechos Reservados

ISBN-10: 153048877X
ISBN-13: 9781530488773
Número de Control de la Biblioteca del Congreso: 2012922006
CreateSpace Independent Publishing Platform
North Charleston, Carolina del Sur

Un regalo para mis hijos

Sam, Sabrina, Julia, Jack, y Luke: espero que la sabiduría que obtengan de este libro les permita evitar los errores financieros de mi generación.

Advertencia a Todos

Comprendan que esta obra constituye la perspectiva de un hombre que se la está brindando a sus hijos. Funcionó para mí en mis primeros años y funciona para mí ahora que soy un hombre bien entrado en mis cuarenta años. Con suerte, ayudará a otros a pensar acerca de su propia administración del dinero personal. Tal como los adultos jóvenes maduran, lo mismo debería suceder con sus habilidades de administración del dinero.

CONTENIDO

LECCIÓN SOBRE ELABORACIÓN DE PRESU-PUESTOS Y AHORROS 27

LECCIÓN SOBRE EL GASTO 59

LECCIÓN SOBRE DEUDAS Y TARJETAS DE CRÉDITO 99

LECCIÓN SOBRE INVERSIONES 115

PREFACIO

A pesar de que tuve la suerte de asistir a una escuela secundaria excepcional, a la universidad, y a la escuela de negocios, ambas de primer nivel, ninguna de estas instituciones educativas me proporcionó siquiera una comprensión superficial de la administración del dinero personal.

Esto es sorprendente teniendo en cuenta que asistí a una de las escuelas de negocios más importantes del país y me gradué con una especialización en finanzas. Por lo tanto, nada de lo que va a leer en este libro proviene de un libro de texto. Se deriva de experiencias que he tenido y de sucesos que he presenciado en el tiempo.

Todavía me sorprende que las escuelas secundarias y las universidades no incluyan en forma obligatoria cursos de administración del dinero personal. Los adultos jóvenes salen al mundo tan preparados en este tema como lo estaban cuando eran bebés. Sin embargo, ser capaz de manejar sus finanzas personales es esencial para el éxito a largo plazo de cualquier persona que comience a trabajar en cualquier ocupación. Lo que es más importante, es esencial para una buena gestión de la misma vida cotidiana.

Mi esperanza es que proporcione a los adultos jóvenes (y a los adultos mayores) los Principios que les permitan vivir una vida próspera tomando buenas y sanas decisiones respecto a sus finanzas personales.

Lección
de vida

CÁSESE CON LA PERSONA "CORRECTA FINANCIERAMENTE"

Cuando digo esto, no me refiero a casarse con un genio de las finanzas o alguien que es adinerado. Me refiero a casarse con alguien que tiene buenos hábitos financieros. Con frecuencia se ignora esta cualidad personal durante el proceso de "cortejo". De hecho, por lo general, usted trata de impresionar al sexo opuesto con cenas caras, citas extravagantes, y regalos impresionantes.

Si usted no puede permitirse algo cuando está saliendo en citas, lo más probable será que tampoco pueda pagarlo cuando esté casado. Muéstrele a su pareja quien es realmente en el aspecto financiero, y asegúrese de que él o ella hagan lo mismo, mostrándole quién es él o ella antes de la boda. No sorprenda a su pareja al cambiar sus hábitos financieros cuando esté casado (y pida lo mismo de su cónyuge). En ese momento, ocasionará problemas importantes. Las mayores discusiones de las parejas son sobre dinero.

Hable acerca de su "filosofía respecto al dinero". ¿Es ahorrador? ¿Ella es derrochadora? ¿Cree usted en las deudas? ¿Quiere ser dueño de una casa? ¿Cuáles son sus bienes? ¿Cuál es su salario? ¿Ella debe dinero? ¿Cuáles son los antecedentes crediticios y las calificaciones de crédito de ambos? ¿Tiene ella un presupuesto y cumple con el mismo?

Estas son preguntas fáciles de responder, pero no tan fáciles de hacer. Sin embargo, son muy importantes. Ustedes necesitan revelarse mutuamente información sobre los aspectos financieros pasados, presentes y futuros en sus vidas. De ese modo, no sólo va a aprender mucho acerca de su potencial cónyuge, sino también un poco acerca de sí mismo.

Principio 2

PERMANEZCA CASADO CON LA PERSONA "CORRECTA FINANCIE-RAMENTE"

La forma más rápida de llegar a una crisis financiera es el divorcio. Piense en esto: Además de los conflictos emocionales, en el mejor de los casos el dinero se reparte a medias. En el peor de los casos, se pierde casi todo con los honorarios de abogados, costos administrativos, el exceso de costo de vida, pensión alimenticia y manutención de los hijos.

Siempre le digo a mi esposa que el permanecer casado con ella es la razón principal por la que pude retirarme a los cuarenta y cinco años de edad. Por supuesto, me fue bien en los negocios y seguí mis principios de administración del dinero. Sin embargo, miles de ejecutivos que ganaron más dinero que yo, todavía tienen que trabajar para mantener a su tercera o cuarta familia. Sea feliz con lo que tiene. El pasto en raras ocasiones es más verde al otro lado de la cerca.

Haga su tarea con el principio 1. Asegúrese de que su cónyuge sea una persona ahorrativa, comparta la misma "filosofía respecto al dinero", que tiene usted, y entienda que el matrimonio es para siempre. Conversen en forma franca acerca de su vida financiera a largo de su matrimonio. Con esto, me refiero a elaborar y hablar sobre su presupuesto mensual, patrimonio neto, problemas financieros, oportunidades, y metas financieras futuras. Estas conversaciones tienen que ser continuas, no una vez al año, sino en forma mensual o en forma más frecuente.

Este enfoque se extenderá a los demás aspectos de su matrimonio. Si lo hace, estará predestinándose a sí mismo no solo para el éxito financiero, sino también para un matrimonio con dialogo abierto y sincero.

TENER Y CRIAR HIJOS CUESTA MUCHO DINERO

Primero, déjeme decirle que amo a los niños. Debería ser obvio, dado que tengo cinco hijos. Sin embargo, también debo decir que el costo de criarlos sigue sorprendiéndome. Es muy difícil decir 'no' a sus hijos. Uno quiere que sean felices, y la felicidad, por lo general, significa que ellos tengan "cosas".

Cuando uno calcula el costo de criar hijos, le vienen a la mente los gastos evidentes como: educación, el cuidado de los hijos, el cuidado de la salud, la alimentación y la ropa. Sin embargo, no se olvide de incluir cosas como una casa más amplia, un carro más grande, facturas de servicios públicos más altas, entretenimiento, deportes, y otras actividades en las que participarán durante su infancia.

El costo de tener y criar a un hijo oscila entre $200,000 y $250,000 (antes de los gastos de universidad), dependiendo de su nivel de ingresos y de sus hábitos de gastos. ¡Esa cifra resulta un gasto enorme para cualquier persona!

Al final, usted gastará más dinero en ellos que en sí mismo.

Si va a tener hijos, no puede ser egoísta (monetariamente o en otro sentido). Y lo que es más importante aún, usted necesita entender plenamente las compensaciones financieras (y de estilo de vida) a largo plazo de su decisión. En términos financieros, los hijos son un gasto importante que usted y su cónyuge deben considerar antes de iniciar una familia.

Sé que puede parecer frío ver a los hijos de este modo, y que muy pocas personas lo hacen. Una vez que usted haya hecho esto y decidido tener hijos, céntrese en amarlos, y a partir de ahí todo va a funcionar.

Principio 4

VIVA SIEMPRE POR DEBAJO DE SUS POSIBILIDADES

Si desea manejar su dinero con éxito, este es uno de los principios más importantes a seguir. Y ahí es donde a la mayoría de los estadounidenses les ha ido mal y les continuará yendo mal. La gente quiere tenerlo todo...y *ahora*. Simplemente no pueden esperar hasta cuando se lo puedan permitir.

Espere hasta que pueda darse el lujo de tener algo antes de comprarlo. Se sentirá mejor cuando lo obtenga. Si continúa comprando cosas que no se puede permitir, se hallará en una espiral descendente que continuará hasta que se vaya a la quiebra.

Si siempre vive por debajo de sus posibilidades, siempre va a tener dinero extra para ahorrar y para invertir. Con los años, su dinero seguirá creciendo y finalmente, alcanzará una seguridad financiera importante.

Tenga en cuenta que vivir por debajo de sus posibilidades no quiere decir vivir de mala manera. Significa que necesita establecer prioridades para sus gastos y centrarse en aquello que es más importante para usted. Significa "vivir inteligentemente".

Principio 5

CUIDEN SUS "COSAS"

Sus padres les decían esto cuando eran chicos, y muchos de ustedes, probablemente no hacían caso en absoluto, ya que seguramente no pagaban por sus "cosas".

Bien, ahora que vive de manera independiente, usted paga por cada una de las cosas que compra. Y, quiere que le duren. Le garantizo que si cuida de sus "cosas", ahorrará miles de dólares a lo largo de su vida.

Vamos a tomar algo que usted ni siquiera posee y ver la ventaja de cuidar de ello: su primer departamento. Usted, probablemente, tendrá que dar un importante depósito de garantía (generalmente, un mes de alquiler) en caso de causar daños al departamento. Por lo tanto, usted necesita limpiarlo con regularidad, tener cuidado de no rayar o dejar marcas en las paredes cuando se esté instalando y llamar al propietario si algo se malogra (para que no se lo cobren al terminar su contrato de alquiler).

Cuando compra una casa, es aún más importante tener cuidado de sus "cosas". Pinte su casa (por dentro y por fuera) cada diez años. Siga las instrucciones de los fabricantes para utilizar, mantener y limpiar todos los artículos de la casa (lavadora, secadora, refrigerador, horno, cocina, lavavajillas, aire acondicionado, inodoros, etc.). Tiene sentido obtener un contrato de servicios que proteja todos los artículos del hogar.

¿Qué se puede decir sobre algo tan sencillo como la ropa? Si usted cuida su ropa apropiadamente, le va a durar el doble de tiempo que la ropa de alguien que no tiene cuidado de ella. Lo mismo se puede decir del mobiliario. Si lo limpia con regularidad y lo usa de la manera adecuada (no colocando encima de ellos comida ni bebida), algunos muebles le pueden durar décadas.

Es importante darse cuenta de que los costos de mantenimiento y reparaciones pueden ser importantes a corto plazo. Sin embargo, a largo plazo, el costo de no mantener ni reparar "cosas" es mucho más significativo.

Principio 6

AMPLÍE SU CÍRCULO DE AMIGOS/ASOCIADOS Y MANTÉNGASE EN CONTACTO CON ELLOS

Este consejo le ayudará tanto en sentido financiero como emocional. No existe nada mejor para el espíritu humano que desarrollar amistades duraderas. Mientras lo hace, usted ni siquiera se dará cuenta de que se está ayudando a sí mismo en el área de la administración de su propio dinero.

La mayor parte del buen consejo financiero que he recibido ha sido a través de amigos y asociados. El consejo no sólo es bueno, sino también gratis. En contrapartida— estoy seguro de que yo también he ayudado a otros a lo largo de los años.

Empiece por sus amigos de la escuela secundaria y de la universidad. Con el tiempo, es difícil mantenerse en contacto con todos ellos. No obstante, trate de mantener el contacto con el mayor número de ellos. Yo no tuve las ventajas del correo electrónico, mensajes de texto ni de las redes sociales en Internet como su generación las tiene. Saque provecho de este activo. Haga un esfuerzo por mantenerse en contacto regularmente. Recuerde los cumpleaños. Recuerde los aniversarios. Es asombrosa la cantidad de amigos que puede hacer a lo largo de los años.

Amigos de la secundaria y de la universidad que llegaron a ser vendedores de seguros, directores financieros, contadores, inversores de bienes raíces, agentes inmobiliarios, consultores y escritores financieros. Incluso quienes no se hallan en el rubro de carreras financieras tendrán experiencias personales sobre la administración del dinero de las que usted puede aprender.

Lo mismo se puede decir de las personas a quienes usted conoce en el trabajo. Cuando empiece su carrera, dedique tiempo a desarrollar amistad con sus asociados (en todos los niveles de su organización). No se limite a las personas de su sección. Extiéndase a otras áreas. En definitiva, conozca a las personas de su departamento de contabilidad. Si tiene la oportunidad, preséntese a su director financiero. Mi director financiero llegó a ser mi contador (y uno de mis mejores amigos).

Dicho esto, no tenga a un amigo como su asesor de inversiones. Las desventajas de tal situación superan ampliamente cualquier beneficio. Un buen amigo lo va a entender.

Está bien obtener consejos de sus amigos. A las personas les encanta dar consejos. Y a las personas les encanta ayudar a otras personas. Haga preguntas y obtendrá respuestas (sean opiniones o hechos). Simplemente, cerciórese de tomar sus propias decisiones en lo que respecta a la administración del dinero personal.

Principio 7

USTED SE LLEVA MÁS DE SU PRIMER PAR DE EMPLEOS QUE LO QUE APORTA

Este principio es un poco filosófico, pero si lo practica de la forma adecuada, le reportará beneficios económicos significativos a largo plazo. Por lo general, sus primeros empleos son experiencias de aprendizaje durante las cuales sus empleadores se benefician menos de su contribución de lo que usted se beneficia de ellos. Yo sé que eso es difícil de manejar para su ego, pero es la verdad.

Sea que se dé cuenta o no, ellos le están pagando por aprender. La mayoría de adultos jóvenes no aprovechan esta oportunidad y dan de sí el mínimo necesario para realizar el trabajo. Pocos trabajan más allá del requisito de 9:00 de la mañana hasta las 5:00 de la tarde, porque ven a otros que se les está pagando más y creen que ellos no están trabajando con el suficiente empeño.

Aquí es donde están equivocados. La mayoría de adultos jóvenes creen que si hacen algo más que el mínimo, la empresa se estará aprovechando de ellos. Por el contrario, cuanto más aporte usted en sus primeros puestos, tanto más conocimiento obtendrá para los trabajos que tendrá más adelante en su carrera. ¡Y es probable que incluso consiga un ascenso antes!

Ofrézcase como voluntario para tareas extra, pregunte a su jefe (y al jefe de ella), y aproveche los seminarios gratuitos en las noches. Al hacerlo, se estará ayudando a sí mismo más de lo que estará ayudando a la empresa.

Piense en su primer empleo como una extensión del aprendizaje en la universidad. Con un cambio importante: ¡La empresa le está pagando por aprender! Si usted tiene esa actitud, se encontrará a sí mismo muy por delante del resto—tanto en su carrera como financieramente—tan sólo unos cuantos años más tarde.

Principio 8

DEDIQUE TAN SÓLO UNA HORA CADA SEMANA A APRENDER SOBRE SUS FINANZAS PERSONALES

Usted puede emplear esa hora en las finanzas personales de diferentes modos. Si lo hace constantemente, pronto verá que dedica más de una hora. Una vez se dé cuenta de que está obteniendo mucha información valiosa y está tornándose cada vez más educado en un área importante, no será capaz de dejarlo.

Entonces, ¿a qué debería usted dedicar su tiempo y energías? Empiece con recursos gratuitos. He aquí unos cuantos a considerar:

- **El Internet**—Hay suficiente información personal financiera gratuita en Internet que le aporta información detallada en todas las áreas que he analizado en este libro y mucho más.
- **La biblioteca**—La biblioteca local tiene secciones con una cantidad importante de libros sobre este tema.
- **Su empresa**—Consulte si su empresa ofrece seminarios, y aprovéchelos.
- **Encuentre a un mentor**—Las personas disfrutan de ayudar a los demás. Busque personas que sean expertas

financieras. Desarrolle una lista de preguntas y formúle-selas durante una hora de su tiempo. Con el tiempo, eso podría resultar en horas de consejos gratuitos.

- **Los amigos y la familia**—Se sorprenderá de lo que la gente sabe, pero que no le han transmitido a usted. Sí su Tío Joe se jubiló joven y tiene una gran cuenta bancaria, pídale detalles de cómo lo logró. Le garantizo que disfrutará de contárselo. ¡Y usted aprenderá más de él de lo que aprenderá en cualquier libro (incluyendo el mío)!

Y aquí hay uno por el que creo que tendrá que pagar: una suscripción a la revista *MONEY* (yo no estoy afiliado a la revista, así que no tengo motivos ocultos para hacer esta recomendación). Tiene una lectura fácil, no es cara y ofrece buena información y excelentes consejos. Lo más importante es que le hace pensar en los diferentes temas de administración del dinero personal.

Piense en ello: Durante sus años escolares, usted no dedicó ningún (o muy poco) tiempo y energías a aprender sobre finanzas personales. ¿Qué es una hora a la semana? Bien, en realidad suma una gran cantidad de tiempo a lo largo de unos pocos años: cincuenta y dos horas en su primer año, doscientas sesenta horas en cinco años, y quinientas veinte horas en diez años. Eso equivale a un mínimo de quinientas veinte horas más de lo que una persona promedio dedica a aprender de finanzas personales.

Si invierte esa cantidad de dinero y energías, le garantizo que estará mucho más versado en la administración del dinero personal que el individuo promedio. Más importante aún, ¡le garantizo que habrá ganado/ahorrado decenas de miles de dólares con su aprendizaje!

Principio 9

HÁGASE RICO POCO A POCO

El hecho es que el 99 por ciento de los millonarios ganaron su dinero con el tiempo. Muy pocos se hicieron millonarios de la noche a la mañana. Todos nosotros hemos oído de excepciones— los ganadores de la lotería y aquellos que heredan una gran suma de dinero, por mencionar solo un par de estos casos. Es importante recordar que tales individuos son la excepción.

También necesita darse cuenta de que no fue tan sólo debido a la casualidad que las personas construyeron su patrimonio con el tiempo. La mayoría de ellos empezaron con poco dinero (o sin ningún dinero) y escaso conocimiento sobre cómo hacerlo. Al igual que usted, ellos empezaron a trabajar al salir de la escuela y comenzaron a ganar un poco de dinero.

Con el tiempo, sus ingresos crecieron; ahorraron más dinero, invirtieron más dinero y aprendieron un poco más acerca de la administración de su dinero personal. Tomaron tanto buenas como malas decisiones respecto a la administración del dinero. No "vivieron a lo grande", pero vivieron bien. No se preocuparon por el consumo ostentoso, sino que se preocuparon por recibir el mejor valor por su dinero.

Sea que se dieran cuenta o no, desarrollaron sus propios principios de administración del dinero personal y los siguieron en su lento viaje a la riqueza. Aquí es importante notar que se necesita disfrutar del viaje. Si usted trabaja solamente por el todopoderoso dinero y la riqueza final, es probable que se encuentre a sí mismo despertando y dándose cuenta de que todo lo que usted debe mostrar para su viaje es la riqueza.

Así que, disfrute de su viaje hacia la riqueza. Es lento, pero si lo hace de la manera apropiada, se dará cuenta de que las recompensas implican más que sólo dinero.

Principio 10

PÓNGASE METAS FINANCIERAS (REALISTAS) A CORTO PLAZO

Es importante tener metas financieras a corto plazo en pos de las cuales trabajar. Es necesario que las metas sean realistas y alcanzables. De lo contrario, usted dejará de fijarse metas.

Sus metas financieras a corto plazo deberían incluir—sin limitación—metas de ahorro y de inversión. Deberá incluir recompensas como parte de sus metas financieras.

Un ejemplo puede ser de utilidad:

Metas mensuales

- Ponga $250 en una cuenta de ahorros.
- Ponga $350 en una cuenta de plan de jubilación 401K.
- Ponga $150 para unas vacaciones.
- Ahorre para comprarse un nuevo iPad.

Metas anuales

- Añada $3,000 a una cuenta de ahorros.
- Añada $4,200 a una cuenta de plan de jubilación 401K.
- Aumente su patrimonio en $12,000.
- Tómese unas vacaciones en Jamaica.
- Cómprese una televisión de cincuenta y dos pulgadas.

Si se pone metas financieras (y no las pierde de vista), tendrá una buena oportunidad de lograrlas. Si no se pone metas financieras, no tiene ninguna oportunidad en absoluto de alcanzarlas. Póngase metas tanto mensuales como anuales. Analícelas periódicamente para ver lo que alcanzó y lo que no pudo cumplir. Continúe el proceso trimestralmente.

PÓNGASE METAS FINANCIERAS (REALISTAS) A LARGO PLAZO

Es fácil perder de vista las metas financieras a largo plazo, pero necesita ser perseverante en establecerlas (y reajustarlas). Establézcalas anualmente cuando está haciendo su presupuesto. No es necesario que sean complicadas. Simplemente, hágalas realistas y alcanzables.

He aquí un ejemplo rápido (estas fueron mis metas a largo plazo cuando yo tenía veinticinco años):

- Comprar mi siguiente vehículo con dinero en efectivo (en un plazo de cinco años).
- Terminar de pagar todos los préstamos de la universidad para la edad de 30 años.
- Ser propietario de una casa al cumplir treinta y cinco años.
- Alcanzar un patrimonio de $1 millón de dólares a la edad de cuarenta años.
- Ser propietario de una playa para la edad de cuarenta y cinco años.
- Jubilarme a la edad de cincuenta años.

Estas metas cambiaron considerablemente a medida que mi situación financiera variaba con los años. Si bien estas podían haber cambiado, todavía cumplían el mismo propósito. Me hicieron centrarme en metas financieras en las que necesitaba pensar con regularidad. E igualmente, me suministraron un propósito por el cual trabajar duro.

Si se pone metas a largo plazo, realistas y alcanzables, le sorprenderá la frecuencia con la que las logrará. Inclusive quedará más sorprendido de ver la frecuencia con que supera sus metas.

Principio 12

CONOZCA SIEMPRE LOS RESULTADOS—SU PATRIMONIO NETO

Recuerde, usted está administrando su dinero por una razón. Desea aumentar su patrimonio neto con el tiempo. Por lo tanto, no debe perder de vista su patrimonio neto. Esto es muy fácil de hacer: Tan sólo necesita elaborar un sencillo estado de patrimonio neto y actualizarlo con regularidad. Luego, puede desarrollar metas y evaluar su progreso regularmente.

Por otro lado, muchos expertos dicen que sólo se necesita examinarlo anualmente. Personalmente, yo lo examino mensualmente. Hacerlo de ese modo me permite, en todo momento, conocer mi situación financiera general y reaccionar ante cualquier emergencia.

El patrimonio neto es el valor monetario que usted tiene. Para llegar a este número, usted suma todo lo que posee y le resta todo lo que debe.

Entonces, ¿cómo elabora usted un estado de patrimonio neto? Siga los siguientes pasos:

1. Elabore un formulario similar al del ejemplo que se suministra en la siguiente página.
2. Ponga en una lista todos sus **activos (lo que usted posee)** y totalice su valor: Esto incluye el dinero en efectivo, inversiones, bienes raíces, vehículos, y cualquier

otra cosa que tenga valor (para que le resulte más fácil, haga un cálculo conservador de su propiedad personal, o no se preocupe por incluirlo si el valor es mínimo).

3. Haga una lista de todos sus **pasivos (lo que usted debe)** y sume su valor: Esto incluye su hipoteca, préstamos, deudas de tarjetas de crédito y cualquier otra deuda que usted pueda tener.

4. Reste sus pasivos a sus activos. El total es su patrimonio neto.

Muestra de Estado de Patrimonio Neto: Sofía Morales
Al 31 de diciembre de 2017

ACTIVO
Caja

Efectivo	$1,000
Cuenta corriente	$5,000
Cuenta de ahorro	$15,000

Inversiones

Acciones	$75,000
Bonos	$10,000
Planes de jubilación 401K/403B/IRA	$10,000

Bienes Raíces

Vivienda	$160,000
Otras propiedades	$0

Otros

Automóvil	$24,000
Otros vehículos	$0
Propiedad personal (cálculo conservador)	$3,000

TOTAL ACTIVOS $303,000

Muestra de Estado de Patrimonio Neto: Sofía Morales
Al 31 de diciembre de 2017

PASIVOS

Bienes Raíces

Hipoteca de la vivienda	$110,000
Préstamo sobre el valor neto de la vivienda	$0

Préstamos

Automóvil	$18,000
Educación	$12,000
Otros (por ej., personal)	$0

Deudas de tarjetas de crédito	$5,000

TOTAL PASIVO	**$145,000**

PATRIMONIO NETO **(activos menos pasivos)**	**$158,000**

Lección Sobre Elaboración de ración de Presupuestos y Ahorros

Principio 13

ELABORE UN PRESUPUESTO POR ESCRITO Y EVALÚELO CADA MES

Al principio, puede ser trabajoso hacer esto. Sin embargo, una vez que elabora un presupuesto mensual, es sumamente fácil seguirle la pista y analizarlo.

El principio que hay detrás de tener un presupuesto mensual es simple: cada mes, debe haber más dinero que entre que el que sale. No existe alternativa; no puede gastar más de lo que gana. Sé que eso es lo contrario de cómo nuestro gobierno y la mayoría de los estadounidenses administran sus finanzas. Sin embargo, si se ciñe al proceso de preparar un presupuesto, tal como se explica (y se muestra) en las siguientes páginas, con el tiempo, llegará a tener seguridad financiera.

El simple acto de *elaborar, hacer un seguimiento y analizar* su presupuesto mensual resultará en una administración fiscal sana. Así que vamos a dividir el proceso en estas tres partes:

1. **Elabore un presupuesto**—Ponga en una lista todos sus gastos y todos sus ingresos y contabilícelos en su presupuesto.

2. **Haga un seguimiento de su presupuesto**—El primer día de cada mes, haga un resumen de su rendimiento frente al presupuesto del mes anterior, y prepare el presupuesto para el presente mes. Una vez que lo haya hecho

un par de veces, le tomará un tiempo cortísimo manejarlo.

3. **Analice su presupuesto**—Examine su presupuesto y vea en qué lo está haciendo bien y en qué no lo está. Haga los cambios necesarios que le permitan ahorrar más dinero.

A fin de entender mejor la el proceso de elaboración de un presupuesto, echemos una mirada al primer paso, *elaborando* un presupuesto.

Para elaborar un presupuesto, usted necesita hacer un cálculo de (1) lo que está *entrando* en su bolsillo (ingresos) y de (2) lo que está *saliendo* de su bolsillo (gastos) todos los meses.

Examinemos lo que está *entrando* en su bolsillo:

1. **Salario**—Mire la cantidad después de impuestos en su cheque de pago.

2. **Bonos y comisiones**—Si es elegible para recibirlos, deberá hacer un cálculo (en monto después de los impuestos). Yo no suelo incluirlos y termino ahorrando los ingresos "sorpresa".

3. **Dividendos e intereses**—Haga un cálculo de estos basándose en el historial de inversión del año anterior.

4. **Regalos**—Generalmente, los recibe sólo en su cumpleaños o en días festivos (y desaparecen a medida que va entrando en años).

Ahora bien, vamos a calcular lo que está *saliendo* de su bolsillo. Las principales categorías de gastos incluyen lo siguiente:

1. **Vivienda**—La hipoteca o el alquiler, por lo general, constituye nuestro mayor gasto. Sin embargo, no se puede olvidar de los impuestos sobre la propiedad, seguros y cálculos para mantenimiento/reparaciones. Usualmente, el alquiler va a eliminar algunos de estos gastos.

2. **Servicios Públicos**—Es sorprendente cuántos "servicios de apoyo" se necesitan para hacer funcionar su casa. Los servicios de electricidad, gas, agua, arbitrios de limpieza pública, cable, Internet y de teléfono son los principales gastos de servicios públicos.

3. **Automóvil**—Hasta que se pueda comprar su carro con dinero en efectivo, su principal gasto de automóvil será su pago del carro. Sin embargo, también necesitará incluir el seguro, gas, estacionamiento, mantenimiento y reparaciones. Si es inteligente, también iniciará un fondo que le permita comprar su próximo carro con dinero en efectivo.

4. **Alimentación**—Las dos categorías principales de gastos aquí son las tiendas de comestibles y los restaurantes.

5. **Entretenimiento**—Mi ejemplo incluye el cine, deportes, discotecas, vacaciones, dispositivos electrónicos y servicio de teléfono celular. Esto funciona para el individuo en mi ejemplo, pero usted, definitivamente, necesita personalizar esta área para sí mismo (dependiendo de sus hábitos de entretenimiento personales).

6. **Misceláneo**—Aquí, yo agrupo cualesquier artículos que no tuve en cuenta en las demás categorías. Incluya gastos como regalos, útiles y artículos de higiene, pero personalice esta categoría en base a sus propios hábitos.

7. **Otros seguros**—Aquí es donde necesita tener en cuenta los pagos para el seguro de salud y de vida. Yo utilicé esta

categoría como cajón de sastre para los gastos del cuidado de la salud, lo que incluye médicos, dentistas, optometristas, recetas y cualesquier otros gastos relacionados con el cuidado de la salud que yo tenga.

8. **Otros préstamos**—Además de los préstamos incluidos en otras categorías (casa y carro), posiblemente tenga préstamos estudiantiles o deudas de tarjetas de crédito. Incluya ambos en esta categoría.

9. **Caridad**—Es bueno desarrollar esta cualidad. Le hace a uno pensar en dar no sólo dinero, sino también tiempo a diversas organizaciones benéficas.

10. **Ahorros**—Usted necesita tener este rubro en su presupuesto, incluso si la cifra es $0 cuando recién comienza. Esta es una de las razones principales por las que está elaborando el presupuesto: para encontrar un modo de ahorrar dinero todos los meses.

11. **Fondo de jubilación 401K**—Si tiene disponible un fondo de jubilación 401K con su empleador, este es otro método de ahorro forzoso que necesita usar. Analizaremos este en una lección posterior (ver el principio 58).

12. **Fondo para emergencias**—¿Cuenta usted con dinero en caso de una emergencia? Es necesario que lo haga. También analizaremos esto en una lección posterior.

Ahora echemos un vistazo a un ejemplo de presupuesto que tiene en cuenta todas las categorías que acabamos de exponer.

Sofía Morales Presupuesto de diciembre 2017

GASTOS		
	Proyectado	**Real**
Casa/Departamento		
Hipoteca/alquiler	$900	
Impuesto a la Propiedad	$0	
Seguro	$20	
Mantenimiento/reparaciones	$0	
Servicios Públicos		
Electricidad/gas/agua	$150	
Cable/Internet/teléfono	$75	
Arbitrios de limpieza pública	$0	
Automóvil		
Pago del carro	$275	
Seguro	$100	
Gas/estacionamiento	$100	
Mantenimiento/reparaciones	$0	
Fondo "Próximo carro"	$150	
Alimentación		
Tienda de comestibles	$350	
Restaurantes	$200	
Entretenimiento		
Cine/deporte/discotecas	$500	
Fondo para vacaciones	$125	
Electrónica/celular	$100	
Misceláneo		
Ropa	$100	
Muebles/electrodomésticos	$0	

Sofía Morales Presupuesto de diciembre 2017

	Proyectado	Real
Otros*	$150	
Otros Seguros		
Salud**	$250	
Vida	$100	
Otros Préstamos		
Préstamos Estudiantiles	$200	
Tarjeta de crédito/personal	$0	
Caridad	$55	
Ahorros	$250	
Plan Jubilación 401K	$150	
Fondo Para Emergencias	$100	
TOTAL SALIDAS	*$4,400*	

INGRESOS		
	Proyectado	Real
Salario (Tras Impuestos)	$4,000	
Bonos	$0	
Comisión	$375	
Dividendos	$0	
Intereses	$25	
Regalos	$0	
Otros	$0	
TOTAL ENTRADAS	*$4,400*	

Incluye regalos, honorarios, artículos de tocador y todo otro material.

**Incluye seguro y cualquier otro costo de salud para médicos, dentistas, optometristas y recetas.*

Note que el presupuesto que acaba de ver es un presupuesto *proyectado* equilibrado. Lo que está entrando iguala a lo que está saliendo. Esto es obligatorio para cualquier presupuesto que esté elaborando.

Por supuesto, dependiendo de su estilo de vida, usted puede añadir, eliminar, o cambiar categorías de gastos. Es importante señalar que elabore categorías que tengan sentido para usted.

Lo único que importa es elaborar un presupuesto que le funcione. "Que a usted le funcione" significa que pueda hacer un seguimiento y analizarlo. Lo que nos lleva al siguiente paso: ***hacer el seguimiento*** y ***analizar*** su presupuesto.

Para ***hacer un seguimiento*** a su presupuesto adecuadamente, usted debe ser capaz de hacer un seguimiento de sus ingresos y gastos. Hacer un seguimiento a los ingresos es fácil; use su cheque de pago y sus declaraciones de inversión.

Los gastos son también bastante fáciles de hacerles un seguimiento. Sólo necesita ser consciente de ellos y elaborar un sistema para hacerles el seguimiento. El sistema que yo uso se basa en el uso de los siguientes artículos:

1. Verificar registro/recibos de tarjeta de débito.
2. Recibos de tarjeta de crédito—Yo sólo tengo una tarjeta y la pago todos los meses; analizaremos esto en una lección posterior.
3. Entradas en efectivo—Si bien es más difícil efectuar un seguimiento de estas, asegúrese de hacerlo. A medida que consiga más experiencia, será más fácil hacerles el seguimiento. Ahora (tras más de veinticinco años de elaborar

presupuestos), hago un seguimiento a los gastos de efectivo como gastos misceláneos.

Configuro estos archivos por cada categoría de gastos. A medida que pasa el mes, pongo los recibos en su archivo correspondiente. Al final del mes, sumo los montos y lleno con las cantidades *reales* mi presupuesto mensual.

Examinemos el ejemplo para ver cómo se reconcilian las cantidades **proyectadas** y las **reales**.

Sofía Morales Presupuesto de diciembre 2017

GASTOS		
	Proyectado	**Real**
Casa/Departamento		
Hipoteca/alquiler	$900	$900
Impuesto a la propiedad	$0	$0
Seguro	$20	$20
Mantenimiento/reparación	$0	$0
Servicios Públicos		
Electricidad/gas/agua	$150	$138
Cable/Internet/teléfono	$75	$77
Arbitrios de limpieza pública	$0	$0
Automóvil		
Pago del carro	$275	$275
Seguro	$100	$100
Gas/estacionamiento	$100	$114
Mantenimiento/reparaciones	$0	$35
Fondo "Próximo carro"	$150	$150
Alimentación		
Tiendas de comestibles	$350	$323
Restaurantes	$200	$290
Entretenimiento		
Cine/deporte/discotecas	$500	$417
Fondo para vacaciones	$125	$150
Electrónica/celular	$100	$96
Misceláneo		
Ropa	$100	$140
Muebles/electrodomésticos	$0	$0
Otros*	$150	$155

Sofía Morales Presupuesto de diciembre 2017

GASTOS		
	Proyectado	**Real**
OTRO SEGURO		
Salud* *	$250	$150
Vida	$100	$100
OTROS PRÉSTAMOS		
Préstamos estudiantiles	$200	$200
Tarjeta de crédito/personal	$0	$0
CARIDAD	$55	$25
AHORROS	$250	$600
PLANES DE JUBILACION 401K	$150	$200
FONDO PARA EMERGENCIAS	$100	$167
TOTAL GASTOS	*$4,400*	*$4,822*

INGRESOS		
SALARIO	$4,000	$4,000
BONOS	$0	$0
COMISIÓN	$375	$800
DIVIDENDOS	$0	$0
INTERESES	$25	$22
REGALOS	$0	$0
OTROS	$0	$0
TOTAL INGRESOS	*$4,400*	*$4,822*

Incluye regalos, honorarios, artículos de tocador, y todo otro material.

**Incluye seguro y cualquier otro costo de salud para médicos, dentistas, optometristas y recetas.*

Si bien muchos de sus gastos permanecerán constantes a lo largo de un año (por ej., alquiler y pago del carro), muchos gastos variarán de mes a mes (por ej., entretenimiento, alimentación y servicios públicos).

En el ejemplo anterior, los ingresos reales fueron mayores que la proyección ($4,822 frente a $4,400) debido a una comisión aumentada. Esto permitió a Sofía Morales ahorrar mucho más ($600 frente a $275) y añadir un poco más al fondo para emergencias ($167 frente a $100).

De esta manera, uno puede rápidamente *analizar* su presupuesto. ¿Dónde gastó demasiado? ¿Dónde no necesitó gastar tanto? ¿Qué más necesita incluir para el próximo mes? ¿Cómo se programa para ahorrar más en el futuro? ¿Cuáles son sus metas financieras para el mes próximo y para los siguientes doce meses?

Espero que vea que el proceso de elaboración de presupuesto mensual no es complicado. De hecho, después de que lo haya hecho dos o tres veces, el proceso le tomará menos de una hora completarlo.

Le prometo que si se ciñe a este proceso, no sólo administrará sus finanzas de una manera óptima, sino que también se sentirá mejor respecto a su situación financiera.

Principio 14

HÁGASE UN EXAMEN FINANCIERO ANUAL

Cuando me hice mi primer examen financiero, ¡yo estaba con respiración asistida! Al salir de la escuela de negocios, tenía deudas por la suma de $60,000. Préstamos estudiantiles, un préstamo de emergencia de la escuela de negocios y un préstamo de mi empleador incluso antes de empezar a trabajar ascendía a un salario bajo y una deuda elevada. Los resultados de mi primer examen financiero me proporcionaron mi primera meta: saldar miss deudas y nunca volver a deber dinero a nadie.

Yo empecé más temprano de lo que lo hace la mayoría (de hecho, la mayoría de la gente nunca se hace un examen financiero). Sin embargo, yo recomiendo hacerse uno durante su primer año en la universidad. Esta es realmente la base para cada cosa que haga en su vida personal financiera. Se necesita tener un punto de partida cada año.

El mejor momento para hacer su examen financiero es anualmente en diciembre. Empiece con un resumen del presupuesto del año actual. Si hace un presupuesto mensual, esto debería ser fácil. Sume todos los ingresos y gastos del presente año y luego haga una proyección de sus ingresos y gastos para el año siguiente (ver el presupuesto de muestra que se anexa en el principio 13). Al mismo tiempo elabore una estado de patrimonio neto para el año en curso y haga un estado proyectado para el año siguiente (vea el estado de patrimonio neto de muestra que se revisó en el principio 12).

Hacer estas tareas le permitirá analizar su salud financiera. ¿Está enfermo o saludable? ¿Tiene usted un patrimonio neto positivo o negativo? ¿Va a gastar más de lo que gana en el año próximo? ¿Qué activos va a usar para financiar sus déficits?

Una vez que se ha cerciorado de su salud financiera, entonces, puede elaborar estrategias para administrarla. ¿Dónde/cómo puede usted recortar gastos? ¿Dónde invierte su exceso de ingresos? ¿Cómo elabora un fondo para emergencias? Céntrese en este examen financiero anual y continúe regresando a él cada mes. Le permitirá administrar su presupuesto personal de manera efectiva y tomar decisiones inteligentes sobre su vida financiera personal.

Principio 15

AHORRE/INVIERTA EL 50 POR CIENTO DE CADA AUMENTO DE SALARIO

Este concepto fácil es difícil de implementar a menos que usted tenga la disciplina para hacerlo. Piense en ello; usted vivía con su antiguo salario antes de recibir el aumento. Usted puede tener lo mejor de ambos mundos. ¿Por qué no vivir un poquito mejor (recuerde que el 50 por ciento de su aumento de salario se destina para vivir un mejor estilo de vida) y ahorrar/invertir más dinero para el futuro? A mí me parece a un buen plan.

Entonces, ¿por qué no hace eso la mayoría de la gente? Es simple: en primer lugar se atrasan. Empiezan por gastar más dinero del que ganan. Por lo tanto, constantemente están tratando de ponerse al día. Si usted no se atrasa en el comienzo, este plan va a encajar de una manera fácil.

De hecho, este principio es el que le situará a la cabeza del juego. Si hace esto cada vez que consigue un aumento, se encontrará, en última instancia, ahorrando una cantidad significativa (más del 50 por ciento) de sus ingresos e invirtiéndola en su futuro. Combinar eso con mi siguiente principio (sobre los bonos de ahorro) me permitió ahorrar más del 50 por ciento de mis ingresos totales anualmente durante varios años.

Esta fue, probablemente, la idea más importante que aprendí en la escuela de negocios. Y se trató de un comentario al azar que hizo mi profesor de contabilidad. Me habría perdido esto si no hubiera asistido a clase y en lugar de eso tan sólo hubiera leído su libro de texto. Esto trae credibilidad al pensamiento de que, en la escuela, es importante asistir a clases.

Principio 16

AHORRE EL 90 POR CIENTO DE CADA BONO (O INGRESOS NO PLANIFICADOS)

Si usted entendió el principio anterior, este tiene sentido. Muchas personas planifican bonos en sus estilos de vida. Esa es una manera rápida de meterse en problemas financieros. Recuerde que los bonos no son ingresos garantizados. Varían de un año para otro y, a veces, simplemente no llegan en absoluto. Si esto pasa, usted puede acabar en una mala situación financiera.

Así que, trate sus bonos como una sorpresa agradable al final del año (o cuando sea que los reciba). Tome un poquito de ellos (el 10 por ciento o menos) y compre algo que realmente desee (¡que no necesita!). Tome el otro 90 por ciento y ahórrelo/inviértalo. Recuerde, usted no tenía planes de recibir ningún bono, así que verdaderamente es un bono.

También debería aplicar este principio a cualquier ingreso imprevisto (como herencias o devoluciones de impuestos). Utilice los ingresos imprevistos como una oportunidad para salir adelante en el aspecto económico. Cuando se toma la actitud de que se trata de dinero encontrado, uno tiende a derrocharlo en lugar de utilizarlo con prudencia.

Los últimos dos principios deberían mostrarle que existe un modo de disfrutar el plan a corto plazo y eficaz para sus metas financieras a largo plazo. La clave para hacer esto es no endeudarse. ¡Viva por debajo de sus posibilidades!

Principio 17

ENTIENDA SUS BENEFICIOS PARA EMPLEADOS; VALEN UNA SUMA CONSIDERABLE

Lea detenidamente sus beneficios a los empleados y tome abundantes notas respecto a las preguntas que tenga. Luego, programe una reunión con un representante de alto nivel de Recursos Humanos (RR. HH.). El área de RR. HH. probablemente querrán programarle un reunión con un representante de RR.HH. de bajo nivel. Insista en que sea alguien de nivel superior, porque esta persona va a conocer y comprender más plenamente el plan de beneficios. Los planes de beneficios pueden ser complicados. Asegúrese de ir haciendo preguntas hasta que realmente entienda las respuestas.

Los planes de beneficios incluirán algunos o todos los elementos que se indican a continuación:

1. **Seguro de Salud**—Se necesitaría un libro aparte para explicar el seguro de salud. Simplemente, asegúrese de que entiende a cabalidad sus copagos, deducibles y cobertura del plan.

2. **Días de vacaciones/personales/de enfermedad**— Entienda los requisitos para cada uno. ¿Se necesita una certificación del médico para los días de permiso por enfermedad? Si no utiliza sus días de vacaciones durante

el año calendario existente, ¿se pierden los días no utilizados o puede tomarlos el año siguiente?

3. **Discapacidad a largo plazo y a corto plazo**—¿Le ofrecen esto y cuáles son las condiciones?

4. **Planes de jubilación 401K**—Estos los explico en el principio 58.

5. **Planes de bonificaciones**—¿Cuenta usted con este plan y cómo funciona? ¿Es necesario que esté empleado el último día del año o en la fecha en que se paga una bonificación a fin de recibirla?

6. **Opciones sobre las acciones**—Las opciones sobre las acciones dan al empleado derecho a comprar acciones de la empresa a un precio determinado durante un periodo de tiempo específico después de que la opción se ha otorgado (el periodo de tiempo se expresa, normalmente, en años). Las opciones son ofrecidas, por lo general, a ciertos individuos en las principales empresas. Si es elegible para este beneficio, lo más probable es que su empresa le ofrezca un seminario, o una explicación detallada del plan de opciones sobre las acciones. Sin entrar en detalles en esto (repito, eso podría formar un libro separado), asegúrese de entender plenamente los detalles de su plan de opciones sobre las acciones.

Probablemente, todos estos beneficios serán nuevos para usted. Tómese el tiempo para entenderlos y aprenda sobre los elementos del plan que son importantes para usted. Si maneja estos beneficios de la manera adecuada, le proporcionarán decenas de miles de dólares en beneficios a lo largo de su carrera.

Principio 18

TENGA SIEMPRE UN FONDO PARA EMERGENCIAS

Cree un fondo para emergencias en su presupuesto, y conforme van pasando los años, asegúrese de aumentar el monto que puso en él. La razón simple para esto es que algo saldrá mal y es mejor que disponga de fondos para pagarlo. Además, algo puede salir bien y usted va a necesitar tener fondos para poder disfrutarlo.

Hablemos primero sobre lo bueno. ¿Qué pasaría si hace un nuevo amigo en el trabajo, y él le invita a su boda al otro lado del país? Usted va a querer ir. Eso significa que necesitará dinero para el pasaje de avión, el hotel, el regalo y otras cosas. Este viaje no estaba planificado a principios de año, así que es mejor que usted tenga un fondo de emergencia que pueda financiar este gasto.

Por el lado malo, ¿qué pasaría si le chocan su carro y el seguro cubre todo menos un monto de $500? Usted va a necesitar encontrar esos $500 o de lo contrario no va a poder ir a trabajar. Como aprenderá en la lección sobre tarjetas de débito y de crédito, no querrá cargar este gasto a su tarjeta de crédito. Le costaría significativamente más devolver el dinero utilizando su tarjeta de crédito. Su mejor opción es tener su fondo para emergencias para poder asumir estos gastos eventuales.

Los gastos más comunes e inesperados son los de vehículos, gastos médicos, recetas, mantenimiento o reparaciones del hogar, y el veterinario (por favor no se compre una mascota hasta que pueda permitirse tener una). Estoy seguro de que puede pensar en algunos otros gastos no planificados que pueden afectarle.

TENGA UN MES DE EMERGENCIA CADA ENERO

Tome un mes de cada año y reduzca sus gastos a lo mínimo esencial. Actúe como si usted no tuviera casi nada (en cuanto a dinero) y necesitase sobrevivir ese mes.

Esto parece un modo un tanto extraño de vivir, pero funciona. Funciona porque le muestra a usted cuán difícil (o fácil) es hacerlo. Pone sus prioridades—sus deseos y necesidades—en orden. ¿Necesita salir a cenar dos veces a la semana? ¿Puede traerse el almuerzo de casa en lugar de comprar comida rápida todos los días? ¿Es la televisión tan buena como el cine? ¿Es agradable quedarse en casa y simplemente reunirse con amigos?

También es un buen momento para llamar a sus proveedores del cable, celular, Internet y otros proveedores y averiguar si tiene la mejor oferta en estos servicios. ¡Dígales a esas empresas que usted está considerando si el cambio a otro proveedor y observe lo que sucede!

Lo crea o no, un mes de emergencia en realidad puede ser divertido. Mi esposa y yo lo hemos estado haciendo cada mes de enero desde que nos casamos. No sólo ahorramos dinero durante ese mes y modificamos nuestros hábitos de consumo a largo plazo, sino que también conseguimos estar más en contacto con nuestra relación.

Enero es un buen mes para hacer esto, debido al gasto desenfrenado que se produce durante la temporada de fiestas. Es algo así como los programas de pérdida de peso a comienzos de año, sólo que, en este caso, ¡se trata de "pérdida de gastos"!

LOS CUPONES TIENEN $ENTIDO

Me parece asombroso que algunas personas piensen que usar cupones representa demasiados problemas. Todavía es más sorprendente que muchos otros crean que van a parecer que van por lo barato si usan cupones.

Si una empresa le da un billete de $1 ó en algunos casos de $20 ó de $100 por utilizar su producto, ¿va usted en busca de lo barato por utilizar este producto? ¿O da usted la apariencia de ser un idiota por no tomar el dinero y utilizar el producto? Lo crea o no, ¡menos del 3 por ciento de personas utilizan cupones!

Yo uso cupones actualmente, y los usaba cuando estaba ganando una considerable cantidad de dinero. Sobre todo los usaba cuando estaba recién empezando. Es realmente increíble cuánto dinero se puede ahorrar usando cupones. Un año, ahorré más de $5,000 con los cupones. Durante una semana promedio, los cupones me ahorran más de $50.

Desde cortes de pelo, hasta comestibles, pasando por restaurantes, cambios de aceite del automóvil, servicios domésticos de limpieza, y más, siempre hay un cupón que le ahorra dinero en cosas que usted ya está comprando. Tan sólo necesita escribir las palabras 'cupones', 'descuentos' e 'incentivos' en el buscador de Google.

Visite una página web de un restaurante antes de ir a cenar fuera. Las posibilidades son, que ahorrará algo de dinero. No deje pasar un domingo sin recortar cupones del periódico. No se deshaga de los correos con cupones que recibe sin echarles antes un vistazo.

Lo que es más importante, no compre productos simplemente porque tienen un descuento. Utilice sólo cupones o compre productos anunciados con descuento que, de todos modos, usted habría comprado. De otro modo, no estará en realidad ahorrando dinero, puesto que usted en realidad ni deseaba ni necesitaba el producto.

No se sienta avergonzado de usar cupones, y no piense que no valen la pena. Es un sentimiento increíble hacer algo tan fácil y saber que está ahorrando dinero. Use los cupones sabiamente y ahorrará el suficiente dinero como para pagar su recibo anual del teléfono celular.

Principio 21

BUSQUE Y COMPARE DESCUENTOS EN TODOS LOS PRODUCTOS Y SERVICIOS

Está claro que Internet le ayuda en esta labor. No hay razón para ir de tienda en tienda comparando precios. Ahorre tiempo, combustible y dinero buscándolo por Internet. Si encuentra un precio mejor en un establecimiento ubicado lejos de donde está usted, llame a su tienda local y hágale saber a la gerencia lo que usted ha hallado. Es muy posible que la tienda iguale o mejore dicho precio.

Si usted va con frecuencia a un restaurante específico y la competencia está al otro lado de la calle, pida al gerente un descuento por "cliente frecuente". Yo he hecho esto en mi pizzería favorita, y el propietario no sólo me hace un descuento, sino que, a veces, me da un regalo promocional.

Cada vez que tenga que hacer un trabajo en su casa, consiga dos o tres presupuestos y confróntelos el uno con el otro. El tiempo y energías que invierta en ello le ahorrarán miles de dólares a lo largo de su vida. Recientemente ahorré $2,000 en el sistema de aire acondicionado haciendo justamente eso. Fíjese cuánto baja el precio cuando usted se ofrece a pagar al contado (asegúrese de esperar hasta que la empresa le haya dado su cálculo original).

Le aconsejo que convierta en un juego el adherirse a estos dos últimos principios. Lleve la cuenta de cuánto ahorra en un año. En los años subsiguientes, trate de mejorar lo que ahorra de manera coherente. Se asombrará de cuánto puede ahorrar.

Principio 22

ASEGÚRESE DE ENVIAR SUS FORMULARIOS DE OFERTAS DE REEMBOLSO JUSTO DESPUÉS DE SU COMPRA

Lo crea o no, un gran porcentaje de reembolsos a los consumidores no son canjeados. La mayoría de la gente compra un producto pensando en que va a obtener el reembolso, pero nunca envía la documentación requerida a tiempo.

Por lo tanto, si usted compra un producto que le ofrece un reembolso (y, por lo general, el reembolso es por una suma importante), asegúrese de hacer lo siguiente:

- Llene la solicitud de reembolso por completo.
- Proporcione el formulario adecuado de recibo (original o copia).
- Envíelo inmediatamente (aún si la empresa le dice que dispone de treinta días).
- Guarde una copia para su archivo en caso de no recibir su reembolso (con frecuencia, puede hacerle un seguimiento por Internet).

Generalmente tarda hasta noventa días recibir su reembolso, pero sea paciente. Mi norma general es enviar una solicitud de reembolso por cualquier cosa que supere los $5. El uso de reembolsos me ha ahorrado varios miles de dólares en los últimos treinta años.

Principio 23

TENGA UNA MENTALIDAD DE AHORRO FRENTE A LA DEL GASTO

Una vez que se concentra en ahorrar (frente a gastar), hallará que se vuelve contagioso y que va a ser un modo de vida positivo.

Realmente existen "ahorradores" y "gastadores". Algunas personas dicen que son "adictos al gasto" y que nunca podrían cambiar. Me voy a permitir discrepar con ellos. Ellos no quieren cambiar. Les gusta gastar dinero que, con frecuencia, ni siquiera tienen. Carecen de disciplina para cambiar sus hábitos y convertirse en "ahorradores". Si quieren desarrollar hábitos de ahorro, pueden hacerlo. En realidad, es su decisión.

Tal como el "adicto a las compras" disfruta comprando (y gastando), usted obtendrá un gran placer al ahorrar su dinero. De hecho, aquí es donde entra la elaboración de presupuestos y las declaraciones de bienes patrimoniales. Estas serán las "tarjetas de puntuaciones" para su logro financiero.

Lección Sobre el Gasto

Principio 24

NO TRATE DE TENER LO MISMO QUE LOS VECINOS; ELLOS SE DIRIGEN A LA BANCARROTA

El consumo ostentoso persiste, al igual que el tener lo mismo que los vecinos. Las personas quieren que los demás crean que ellos pueden darse el lujo de tener más de lo que les permiten sus ingresos. Mi filosofía es "¿A quién le importan los vecinos?" Las únicas personas ante las que, en última instancia, usted va a responder son usted y su familia.

Si mi vecina se compra un nuevo BMW, yo no necesito imitarla. Si ella lo puede pagar, entonces, bien por ella. Con toda probabilidad, ella no se lo puede permitir. La mayoría de las veces, descubrirá que ella simplemente está tratando de tener lo mismo que la vecina del otro lado de su casa. Hemos visto la realidad de esto en los últimos años a medida que la cantidad de ejecuciones hipotecarias de viviendas y embargos vehiculares han aumentado astronómicamente.

El aspecto más importante de este principio es que usted reconozca que siempre va a haber personas que viven mejor que usted. Y usted debería sentirse bien por ellas. Por otro lado, siempre va a haber personas que no pueden permitirse lo que usted tiene (¡aunque las compras que ellos hacen pudieran hacerle pensar lo contrario!).

Su meta ahora es ser financieramente responsable, de modo que pueda elevar, progresivamente, su situación financiera en el futuro. No se preocupe de la situación financiera en la que se encuentra en relación con los demás.

NO SUBESTIME EL COSTE DE PROPIEDAD

Esta es una trampa importante en la que podría caer cuando compra un vehículo o una casa. Dado que lo más probable es que compre un vehículo antes que una casa, echemos un vistazo al costo mensual de la propiedad de un vehículo (sin incluir el precio de compra):

- Seguro ($50–$300)
- Inscripción y Tarjeta/Título de Propiedad ($2–$20)
- Mantenimiento y reparaciones: cambios de aceite, neumáticos, lavados del vehículo, etc. ($10–$100)
- Gasolina ($40–$200)
- Estacionamiento y peajes ($0–$300)

Todo lo anterior va a variar dependiendo de los siguientes factores (y de muchos otros):

- El tipo/tamaño de su vehículo (por ej., el costo del seguro aumenta a medida que el precio del vehículo es mayor)
- El lugar donde vive (por ej., estacionar en la ciudad de Nueva York frente a hacerlo en los suburbios)
- Cuántos kilómetros conduce en un año (por ej., treinta kilómetros/día en desplazamientos frente a diez kilómetros/día)
- Su registro de conducción

Cuando toma en cuenta todos estos factores, el costo mensual de propiedad puede ser tan elevado como su pago mensual, ¡sobre todo si su seguro cuesta mucho!

Ahora echemos un vistazo al costo de propiedad de la vivienda (sin incluir su pago inicial y la hipoteca):

- Impuestos (en algunos estados son altos y equivalen al 2 por ciento del valor de su vivienda)
- Seguro
- Mantenimiento y reparaciones (gasfitería, alfombrado, pintura, etc.)
- Equipar su casa con muebles y electrodomésticos
- Servicios públicos (por ej., gas, electricidad, agua y arbitrios de limpieza pública)
- Cuotas de la asociación de propietarios
- Jardines y áreas verdes
- Costos de cierre
- Inspección de la vivienda

Un par de estos son costos que se pagan una sola vez (costos de cierre e inspección de la vivienda) que las personas olvidan incluir en el presupuesto al principio de la compra de su vivienda. Algunas personas clasificarían otros costos (como el de mantenimiento y reparaciones) como "imprevistos", pero los propietarios con experiencia saben que se necesita tener un presupuesto para los costos "imprevistos" de mantenimiento y reparaciones, ya que suelen producirse todos los años.

La conclusión final es que usted no debería pensar sólo en el precio de compra de su vivienda o de su vehículo. Si se olvida del costo de propiedad, se encontrará vendiendo su vivienda más pronto de lo que se imagina.

PRIORICE SUS GASTOS

Siento mucho tener que aguarle la fiesta, pero usted no puede tenerlo todo. Ni siquiera los millonarios tienen todo lo que desean. Sin embargo, en última instancia, usted puede conseguir la mayoría de las cosas que quiere (y todo lo que necesita)—si prioriza el gasto.

Con esto quiero decir que examine todos sus **deseos** y **necesidades** y las priorice. Las **necesidades** son simples: un techo sobre su cabeza, comida, ropa, transporte, entretenimiento y cuidado de la salud. Cuando se trata de sus **deseos**, amplíe en ellas. ¿De qué tamaño es el departamento/casa que usted codicia? ¿Qué tan bonito desea que sea su vehículo? ¿Qué tipo de ropa? Restaurantes: ¿cuatro veces a la semana? ¿Vacaciones extravagantes? Y, por supuesto, mucho más.

Ahora viene la parte difícil, pero necesaria. ¿Qué es lo importante para usted? Si socializar es lo más importante, entonces ponga más dinero del presupuesto para eventos sociales y comer fuera. Si le gusta el entretenimiento en el hogar, entonces, priorice una gran pantalla de televisión. Si lo importante es un vehículo bonito, entonces, debe ceder en el tamaño del departamento que alquila. Sin embargo, dese cuenta de que no puede tenerlo todo a menos que se lo pueda permitir. Usted va a tener que priorizar y tener compensaciones.

Permítame darle un ejemplo de la vida real, de mí mismo a la edad de veinticinco años. Pienso con cariño en los días en que vivía en el sótano de doscientos cincuenta pies cuadrados de una familia y tenía una hornilla de un quemador y una mini refrigeradora. Yo no pasaba mucho tiempo en casa, así que no necesitaba un lugar mucho mayor. Era lo que necesitaba en ese momento, y vivir en este pequeño espacio me permitió gastar mi dinero en otras cosas que, para mí, eran más importantes: ahorros y entretenimiento. Eso correspondía a la primera y segunda posición en mi lista de prioridades.

Dicho sea de paso, si no hace del ahorro su prioridad principal, nunca va a producirse, así que asegúrese de que eso esté en el número uno o dos de su lista de prioridades.

Usted es el único que sabe lo que es más importante para usted. Recuerde eso: ¿Qué es importante para USTED? No qué es lo importante para los vecinos de al lado.

Principio 27

ALÉJESE DE LAS "GRANDES OFERTAS" QUE EN REALIDAD NO LO SON

¿Cuántas veces ha oído a alguien decir: "Tuve que comprarlo porque era una ganga"? En realidad, cada minuto nace un tonto. Desafortunadamente, ese tonto, a menudo, es el individuo que está empezando y aprendiendo cómo administrar su dinero.

Así que, hablemos sobre las grandes ofertas (o sea, estafas) que debería evitar. La mayor parte de esto se trata de sentido común, pero las personas caen en estas estafas todos los días:

- **Vendedores por teléfono de todo tipo**—Lo explicaré fácilmente. No compre nada procedente de un agente de telemercadeo.

- **Correos que le prometen viajes gratis u otros premios**—En última instancia, siempre hay ahí un "gancho", y casi siempre resulta en que usted pierda tiempo y dinero. Estos tipos de correos a menudo le pedirán que pague gastos de envío e impuestos con antelación. Tenga la seguridad que una vez que envíe las tasas/gastos de envío, nunca va a ver el premio que ganó (o no va a ser como el que se le había descrito).

- **Ofertas de Internet por correo electrónico**—Todos nosotros hemos recibido una diciéndonos que hemos sido seleccionados por un individuo extranjero para recibir cientos de miles de dólares. Para recibirlo, todo lo que tiene que hacer es enviar a esa persona unos cuantos dólares y/o la información de su cuenta bancaria. Si alguna vez lo hizo, se encontró que, unos días más tarde, no quedaba nada en su cuenta bancaria.

- **Pago de cuotas por anticipado para recibir préstamos o tarjetas de crédito**—Sin importar qué tan malo sea su crédito, nunca haga esto.
- **Anuncios de oportunidades de empleo que piden una cuota**—Si se le pide un coste por adelantado para conseguir el empleo, aléjese de la oportunidad. Muchas oportunidades de "trabajo en casa" son estafas que le quitarán tanto su dinero como su identidad (nunca dé su número de seguridad social a un posible empleador hasta que haya conocido a alguien allí y le haya confirmado la legitimidad de la empresa).
- **Productos milagrosos**—Pastillas que le garantizan que va a perder quince libras en dos semanas, aerosoles que llenarán de cabello su cabeza calva, cuchillos que pueden atravesar con un corte un libro de cuatrocientas páginas. De acuerdo, usted entiende la idea.

A pesar de haberle advertido acerca de algunos peligros potenciales, estoy casi seguro que todavía va a caer en alguno de ellos. ¡A mí me pasó!

Cuando yo era un estudiante graduado de veintidós años de edad, recibí un correo realmente increíble. Decía que yo había ganado un automóvil, un barco velero, o $5,000. El correo mostraba los premios concretos. Se me indicaba que llamase y concertase una fecha fija para recoger mi premio. Siendo escéptico, llamé e hice una serie de preguntas, que incluían: "¿Sería el barco lo suficiente-mente grande como para navegar en un lago?" La persona no pudo especificar el tamaño del barco, pero me aseguró que sería lo sufi-cientemente grande para navegar en un lago. Me enteré de que yo descubriría qué premio iba a recibir después de que ellos hubieran "conversado conmigo" por más o menos treinta minutos.

El lugar estaba a aproximadamente una hora de distancia, así que llené mi vehículo de combustible y fui a reclamar mi premio. Estuve sentado durante la presentación de tiempo compartido y luego fui a recoger mi premio. Yo estaba entusiasmado por ganar un barco. No estuve tan entusiasmado cuando vi que el barco ise trataba de un barco de juguete de $3 que, efectivamente, podía navegar en un lago!

Prácticamente no gasté dinero en esto (tan sólo mi dinero para el combustible). Sin embargo, el pobre hombre que estaba en la fila justo después de mí se había tomado un día de permiso en el trabajo y había conducido por dos horas con su familia para ir por el premio. Él perdió su tiempo, su dinero y su orgullo en frente de su familia.

Si algo suena demasiado bueno para ser verdad, probablemente lo sea. Aléjese de ello. Gente desconocida no le va a entregar algo a cambio de nada. Se lo puedo garantizar.

Principio 28

ALÉJESE DE LAS "PEQUEÑAS GANGAS" QUE EN REALIDAD NO LO SON

Esto es un tanto diferente del último principio. Todos los días, se ven "ofertas" y "gangas" en todo, desde la comida hasta los programas de televisión. A menudo, la oferta sólo es válida para un periodo específico de tiempo, de manera que se ve forzado a pensar y actuar rápidamente. Recuerde una cosa: Sólo porque alguien diga que algo es una ganga no significa que lo sea para usted.

¿Qué quiero decir con esto? Le voy a hacer esta pregunta que quizás ponga todo de manifiesto: ¿Cuántas veces ha comprado algo que era una "ganga" y más tarde se dio cuenta de que no lo necesitaba en absoluto? O de que había comprado mucho más de lo que necesitaba. O de que el precio no era realmente una ganga.

Un simple caso en concreto: el personal de ventas en quioscos de los centros comerciales. Ellos le atacan con lociones especiales, ofertas de telefonía móvil, helicópteros de control remoto, y otras muchas gangas. Evítelos como a una plaga. Casi todas sus "gangas" están sobrevaloradas. Peor todavía, muchos de ellos son productos que nunca va a usar.

Yo fui víctima de pagar mucho por una "ganga" hace algunos años cuando hacía compras de último minuto para Navidad en un centro comercial local. Compré un pulidor de uñas avanzado para mi esposa en un quiosco por sólo $25 (hacía que tus uñas se aclararan mágicamente sólo con un rápido "pulido" usando esta cera especial y "el pulidor"). Me aseguraron que este kit de "pulidor" costaba normalmente $50 y que ellos habían incluido otro extra gratis.

Después que se lo entregué a mi esposa en Navidad (sí, junto a otros regalos mejores), ella me dijo que ya tenía uno y me enseñó el que había comprado en la farmacia local por sólo tres dólares. De más está decir que ella pensó que incluso no se merecía un sitio en su cajón. Nunca le dije lo que pagué por él. ¡Cuando ella lea este libro, descubrirá cómo fui timado en aquella Navidad!

Yo utilizo los siguientes criterios para evaluar si una "ganga" es algo que me ahorrará o me costará dinero:

1. ¿Conozco cuál es un precio justo para el producto?
2. ¿Estaría interesado en él si estuviera al precio total?
3. ¿Es algo que voy a usar?
4. Además de los alimentos, ¿es algo que voy a usar más de un par de veces?
5. ¿Es de buena calidad o es algo que tendré que reemplazar enseguida?
6. ¿Es muy alto el costo para obtener la "ganga" (por ejemplo, necesito viajar lejos para obtenerla)?
7. ¿Me piden que compre mucho del producto?

Sé que es difícil resistirse a las ofertas con respecto a ropa o juegos cuando caminas a través de las tiendas en el centro comercial, pero piense dos veces en las "gangas". ¿Es algo que tenga que tener absolutamente? Si es algo que no necesita, entonces use su fuerza de voluntad.

Principio 29

DETERMINE LOS PRODUCTOS Y SERVICIOS DIARIOS QUE SON IMPORTANTES PARA USTED

No importa lo que otros crean acerca de cuál es el valor de un producto o servicio. Lo único que importa es el valor del producto o servicio para usted.

Es importante que no sucumba a la presión del grupo de comprar sólo el mejor producto todo el tiempo. Déjeme darle un ejemplo concerniente a mí: el calzado.

Yo gasto dinero comprando buenas zapatillas deportivas porque corro algunas millas todos los días. Me aseguro de que sean cómodas y puedan soportar el uso diario. Sin embargo, como casi nunca necesito usar zapatos, compro los baratos que lucen bien para una extraña ocasión en la que los necesite.

En ninguno de los dos casos me intereso por las marcas. Compro lo que sea importante para mí independientemente del nombre de la marca. Recuerde que ése es mi caso. Puede que no sea u mismo caso. El nombre de la marca puede ser importante para usted en los zapatos– si los está usando para una ocasión especial y los tiene para "decir algo acerca de usted". Sólo recuerde que hay un gasto que viene con los nombres de las marcas. No puede tener la mejor marca de cada producto. Debe hacer algunos sacrificios que tengan sentido para usted.

Cuando se trata de un servicio, uso el mismo principio. Voy a usar un ejemplo en este aspecto de dos servicios totalmente ajenos: cortes de cabello y servicios de reparación de equipos de cómputo.

Yo pago el corte de cabello más barato posible porque tengo un pelo corto simple que no necesita que se le haga nada especial. Probablemente ahorre más de $200 al año en cortes caros de cabello. Sin embargo, siempre que los ordenadores de casa necesiten reparación (nuestra familia compuesta por siete personas tiene varios ordenadores), yo pago una prima para tener un mejor servicio. Aunque me cueste más dinero que un servicio moderado, sé que me ahorra dinero a largo plazo.

Mi perspectiva que es que cualquier cosa de alto valor y alta importancia para usted (como un ordenador) necesita ser atendido por la mejor compañía dentro de su presupuesto. La historia me ha mostrado que más tarde los dólares gastados en esto le ahorrarán mucho tiempo, molestias y dinero.

Espero que lo que haya aprendido de este principio sea entender su propio sistema del valor. Puede que lo que es importante para usted no lo sea para alguien más. Cualesquiera que sean los valores de su producto o servicio, entiéndalos y gasta dinero en ellos de forma apropiada.

ASEGÚRESE DE QUE LOS LUJOS QUE SE DA SON REALMENTE IMPORTANTES PARA USTED

¿Qué quiero decir con esto? Como adulto joven, con frecuencia compra algo sólo porque tiene que tenerlo. Alguien más lo tiene o es el mejor objeto y lo último. Los fabricantes y comerciantes hacen su dinero haciendo obsoletos sus productos rápidamente y utilizando publicidad para persuadirle de que ahora necesita un nuevo producto.

Analice su comportamiento ante las compras. Si está comprando nuevos productos constantemente mientras el viejo producto aún funciona, entonces fíjese en priorizar los objetos nuevos que necesita realmente. Así que el nuevo iPod luce "mejor" y tiene más gigabytes. Bien, si el viejo puede almacenar diez mil canciones y tú solo tienes mil, entonces probablemente no necesites comprar el nuevo.

Un ejemplo a gran escala es la compra de sus dos primeros coches. Debe sentir que se merece un coche con todos los cinturones y pitidos, y el vendedor de coches definitivamente le dirá por qué son tan importantes. Piense en lo que le van a importar las ruedas extra anchas dentro de un mes (especialmente cuando se dé cuenta de que costaron $1,000). O cuan costoso es ese reproductor ultra moderno de $750 cuando el estándar suena exactamente igual a sus oídos (a menos que seas un verdadero aficionado).

Basado en la experiencia, esta es el área de gastos en la que es más difícil mantener la disciplina. Intente este método: Cada vez que evite comprar el más reciente y mejor producto que se acaba de lanzar, ponga el dinero ahorrado en un área especial de ahorros reservada para artículos costosos. Cuando vaya a comprar algo que realmente le interese, se asombrará de cuánto dinero ha ahorrado.

ANTES DE COMPRAR CUALQUIER COSA CARA, DETÉNGASE Y PIENSE SI REALMENTE LO NECESITA

Va a tener que juzgar lo que es caro para usted. Cuando yo tenía 20 años, una comida en un restaurante decente o una camisa de $15 parecía cara (recuerda, esto fue hace más de 25 años).

No le estoy diciendo que no compre nada caro. Sólo le estoy pidiendo que se detenga por un momento para entender su motivo. ¿Realmente necesita el coche de $30,000 si vive en la ciudad de Nueva York? Sólo usted conoce la respuesta a eso.

Cuando digo **DETÉNGASE**, realmente quiero decir **DETÉNGASE**. Frénese a si mismo cada vez que quiera comprar algo de más de $100. Ahora, espere un mes y vea si todavía necesita ese producto o servicio. Si es así, y está dentro de su presupuesto, entonces, cómprelo. Si no es así, entonces ponga el dinero que iba a gastar en su cuenta de ahorros o inversiones.

Por favor, evite las compras impulsivas de cosas caras. Sea duro consigo mismo acerca de las cosas realmente necesarias. Se encontrará a si mismo disfrutando la vida y al mismo tiempo ahorrará dinero.

DEJE LOS HÁBITOS "INSANOS" DE GASTOS

Los hábitos insanos de gastos son realmente insanos. Son los desembolsos que le van a dañar monetaria y físicamente. Es muy fácil para los adultos jóvenes engancharse a algunos hábitos insanos cuando comienzan sus vidas de adulto.

Debe ser evidente, incluso sin decirlo, que no debe fumar. No hablaré de los efectos físicos de fumar. Sin embargo, le hablaré acerca de los aspectos monetarios de este hábito. Dependiendo del estado en el que viva, los cigarrillos le costarán seis dólares por cajetilla (¡o más!). ¡En la ciudad de Nueva York el costo es de más de $12 por cajetilla!

Un fumador habitual que se fuma una cajetilla al día gastará más de $2,000 en cigarrillos al año (y esto no incluye el gasto de encendedores, caramelos para el aliento, servicio de lavandería a seco, etc.). Añada a esto los mayores gastos médicos y las primas del seguro de salud más elevadas, y tendrá un hábito muy caro. Sólo el costo de los cigarrillos sería por lo menos de $50,000 a lo largo de un período de 25 años. Si pone ese dinero en una cuenta IRA y lo mantiene hasta la jubilación, ¡debería alcanzar una suma de más de $100,000!

Puede hacer el mismo análisis cuando se fija en la compra de una caja de cerveza a la semana o en comer en restaurantes de comida rápida tres veces a la semana. Si come en restaurantes de comida rápida a menudo, simplemente eliminando su compra de soda (y sustituyéndola por agua del grifo), va a quitar más de $6 de gastos insanos a la semana (eso son $312 al año).

Claramente usted tomará sus propias decisiones personales basadas en sus preferencias. Nadie, excepto usted mismo, va a juzgarle respecto a sus elecciones. Mi trabajo (en este libro) es solo hacerte conocer las consecuencias financieras de las elecciones que hace.

Principio 33

CONOZCA CUÁLES SON SUS CUENTAS MENSUALES Y TOME MEDIDAS CUANDO ESTAS AUMENTEN

Es muy fácil frenar el aumento de sus cuentas año a año. Cuando su compañía de cable, Internet o móvil le dice que está subiendo sus cuotas, llame a la compañía y dígale que no. Sin embargo, para hacer esto debe saber cuál es el historial de cada cuenta.

Es impresionante la cantidad de personas que no saben cuánto están pagando a sus proveedores de servicios. Si no conoce por lo menos en un aproximado de $5 a cuánto asciende el total de cada una de sus facturas mensuales, entonces probablemente esté pagando más en muchas de ellas. Dicho de otro modo, debe saber cuáles son cada una de sus cuentas mensuales y sus montos (aquí es donde le va a ayudar preparar diligentemente y supervisar su presupuesto mensual).

Hay una manera efectiva de decir no. En todos los casos, pida un argumento razonable para un aumento de los precios. A menudo, solamente pedir esto va a parar inmediatamente el incremento. Además, asegúrese de que está hablando con el que toma las decisiones, ya sea el dueño del negocio (si es su servicio de jardinería) o el gerente de más alto rango (si es la compañía de cable).

Algunos ejemplos personales reales deberían ayudarle a ver cómo hacer esto:

- **Compañía de cable**—Llame al servicio de atención al cliente y pregunta por el "departamento de fidelización." Este departamento intenta mantener los clientes actuales (otra razón para pagar sus facturas a tiempo). Asegúrese de destacar cuán leal ha sido. Al mismo tiempo, hágale saber a la compañía que ha estado recibiendo ofertas de sus competidores. Si es posible, use una oferta específica que haya recibido recientemente por correo electrónico. En la mayoría de los casos esta estrategia evitará que aumenten sus facturas, y a veces incluso hará que disminuyan. Si le atiende la persona "equivocada" (alguien que no se ajuste a usted), llame otra vez al día siguiente y hable con alguien más. Cada año yo paso diez minutos al teléfono con la compañía de cable para ahorrar $200. Un retorno que no está mal en mis inversiones.

- **Arrendador**—Si su arrendador sube su alquiler, solo dígale que no. Esto funciona si es un buen inquilino que paga sus facturas puntualmente. Asegúrese de utilizar ese argumento cuando explique por qué no se merece (y no tolerará) un aumento del alquiler. El arrendador no quiere perder tiempo, energía y dinero para encontrar a otro inquilino (quien puede que no sea tan bueno como usted). Créame, el arrendador no querrá perderle como inquilino.

- **Servicio de jardinería**—Como en los dos casos anteriores, pídale a la compañía un argumento detallado. Eso debe parar inmediatamente el incremento. Si no es así, dígale a la compañía que va a buscar algunos presupuestos competitivos. Si esta estrategia no funciona, entonces busque realmente los presupuestos. Podría quedarse sorprendido de la cantidad que ahorra.

Si en efecto dice que no a los incrementos mensuales, va a ahorrar miles de dólares durante su vida.

PAGUE TODAS SUS CUENTAS EN FORMA PUNTUAL CADA MES

Este principio es extremadamente importante cuando quiera gestionar su dinero de forma adecuada. Si paga todo lo que debe en forma puntual mes a mes, se evitará desarrollar un problema de administración del dinero.

No puedo decir cuánta gente paga cargos significativos (e importantes) por morosidad sólo porque son demasiado holgazanes para mandar su cheque a tiempo. Ellos tienen el dinero, pero no tienen el tiempo y la energía para llenar el cheque, ponerlo en un sobre y mandarlo por correo.

Yo pienso de esta forma al respecto: Si trabajé para alguien y él o ella no me pagó en forma puntual cada mes, yo dejaría de trabajar para esa persona. Entonces no debería sorprenderle que si no le paga a la gente, ellos dejen de ofrecerle sus servicios o le cobren más debido a un pago retrasado.

No sólo se trata del dinero. Se trata de respetar a la gente/las compañías a las que debe el dinero. No es justo para ellos tener que rogarle (por ejemplo: enviarle notificaciones de deuda en mora) para el pago.

Sin embargo, el dinero es importante. Está claro que pagar sus facturas a tiempo todos los meses le ahorrará cantidades considerables de dinero con el tiempo. Solamente en su mayor calificación de crédito (hablaremos al respecto en otra lección), ahorrará miles de dólares a lo largo de su vida.

Entonces, pague todas sus cuentas en forma puntual todos los meses.

Principio 35

NO OLVIDE PAGARLE AL GOBIERNO—PUNTUALMENTE

Esto se trata de los impuestos del SII (Servicio de Impuestos Internos), impuestos sobre la propiedad, impuestos estatales, sanciones por exceso de velocidad, multas por aparcamiento, inscripciones de automóvil y cualquier cosa que le deba al gobierno. Mucha gente se mete a sí mismos en problemas financieros (y legales) por ignorar o retrasar sus obligaciones financieras con el gobierno.

Si no paga al SII o no prepara apropiadamente su declaración de impuestos, el SII vendrá por usted. Si no paga hoy sus multas por aparcamiento, algún día pagará una sanción mucho más alta. Si no paga en forma puntual sus multas por exceso de velocidad, pagará mucho más para que te devuelvan su licencia de conducir.

Aún más importante, a largo plazo pasará horas de tiempo perdido retrasando esos pagos, y todos nosotros sabemos que el tiempo es dinero.

Por supuesto, en todos los ejemplos anteriores estoy haciendo referencia a casos en los que justamente le debe dinero al gobierno. Si siente que justamente no debe ese dinero, entonces utilice los canales apropiados para defender su caso.

Sólo recuerde que algunas veces le irá mejor pagando una multa antes que apelando y presentando una reclamación contra ella. Elija el mejor principio al cual atenerse. Por ejemplo, si no está de acuerdo con una multa por aparcamiento de $20, no gaste $100 en tiempo y dinero para reclamarla.

Combinando los dos últimos principios, debería entender claramente que pagar lo que debe—a tiempo, cada vez—tiene muy buen sentido financiero.

Principio 36

ESTÁ BIEN PAGAR (UN POCO) DE MÁS AL SII A LO LARGO DEL AÑO

La mayoría de la gente le va a decir que esta es una mala decisión financiera. El SII está ganando intereses en dinero sobre el que usted podría estar ganando intereses. Y... no voy a estar un desacuerdo con ellos. Probablemente esté diciendo en este momento, "entonces, ¿por qué pone esto en sus principios/normas?"

Estoy recomendándole pagar sólo un poco más (menos de $3,000 al año) cuando esté en los primeros años de su carrera. Mi argumento básico es que eso se trata de ahorros forzados. Si tuviera ese dinero durante el año, probablemente lo habría despilfarrado en algún gasto irracional que ahora no tiene ningún valor para usted.

Además, los $3,000 que le está pagando de más durante el año al SII es menos de $50 en pérdidas de intereses. No es suficiente en su bolsillo como para que pueda gestionar perfectamente sus retenciones del SII. Sin embargo, es importante hacerlo así si está pagando más de $10,000 al año al SII.

Ya que he recibido ese cheque de $3,000 en el momento de pagar los impuestos de renta varias veces en mi vida, puedo decirle que se siente bien. Muchas veces lo puse en mi cuenta de inversiones, y al final ha resultado ser mucho más que $50 en mi bolsillo.

VERIFIQUE CADA FACTURA QUE RECIBA, ESPECIALMENTE LAS QUE TIENEN QUE VER CON ATENCIONES MÉDICAS

Desafortunadamente la mayoría de la gente sólo le echa una ojeada superficial a su factura y la paga. O, peor aún, ahora con los pagos automáticos desde su cuenta corriente ni siquiera revisa su factura. Por favor, sea cuidadoso. Este es un hábito caro como para tenerlo.

En el correo de hoy recibí tres facturas que, en total, me cargaban $230 de más. Dos de esas facturas fueron facturas de atenciones médicas que la mayoría de las personas ni siquiera habrían notado.

Muchas facturas del médico llegan dos meses (o más) después del servicio, y no se da cuenta de que su compañía de seguros cubría una parte mayor que la del precio que pago al doctor. De este modo, los médicos le deben dinero debido a su sobrepago en el momento del servicio (hace dos meses). Créame, el consultorio del médico no le llamará para decirle que pago de más. Esto no es porque el consultorio sea poco ético. Sino porque su servicio de facturación, ubicado en una ciudad diferente, puede que no esté configurado para manejar la situación.

Debe echar un vistazo más a menudo a sus facturas de las atenciones médicas. Examine cada una de sus facturas por separado. El mes pasado, mi compañía de seguros del coche me sobrefacturó $150. Si yo no hubiese leído cuidadosamente los detalles, lo hubiera pasado por alto.

Por término medio yo ahorro más de $1,000 al año revisando cada una de mis facturas detalladamente. Espero que usted esté diciendo: "¿Y eso es todo el alboroto? Yo ya hago eso". En caso afirmativo, genial. Continúe haciéndolo así.

Principio 38

REVISE Y GUARDE TODOS SUS RECIBOS

Revisar y guardar los recibos me ha ahorrado miles de dólares a lo largo del año. Parece estúpido, pero es la verdad, y es más difícil de lo que pensaría.

Es difícil principalmente porque requiere de disciplina. La mayoría de la gente tira los recibos de montos pequeños sin más que una simple ojeada. Revisarán los recibos de montos altos, pero los tirarán en el plazo de un mes o incluso el mismo día.

Aquí está lo que yo hago: Recibos por importes menores (mercado, gas, restaurantes y cualquier monto por debajo de $100, o similares). Los reviso rápidamente y los pongo en una carpeta de recibos mensuales que tiro a final de mes. Haciendo esto, ahorro por lo menos $100 al año por errores de cajeros (cajas registradoras).

Los recibos de mayor valor y los extractos de tarjetas de créditos son totalmente diferentes. Yo los conservo por años. Archivo los extractos de las tarjetas de crédito y los miro una vez al año para poder analizar mis hábitos de gastos. Es impresionante lo coherentes que son año tras año. ¡Y desafortunadamente veo cómo incrementan consistentemente todos los años! Analizando estos recibos (me toma una hora al año) puedes ver áreas en las que puedes reducir tu gasto fácilmente (por ejemplo: dos servicios de spa más bajos pueden ahorrarle $200).

Yo conservo los recibos de objetos de alto valor (productos y servicios que me cuestan $200 o más y que tienen una vida útil de más de un año) en una carpeta separada.

Al final de la vida útil del producto, esto me ha ofrecido información valiosa cuando alguno se ha malogrado. Por ejemplo, el mes pasado se malogró mi limpiador de piscinas y sólo tenía veintidós meses. Cuando miré el viejo recibo, vi que tenía dos años de garantía. Aunque alguien me lo pudo haber dicho, no lo recordaba. En lugar de pagar $300 por un recambio, lo llevé a la tienda de productos de piscinas (con el recibo en la mano) y obtuve uno nuevo completamente gratis.

Al final del servicio, siempre que se haya realizado alguno en mi casa, le pido al proveedor que me dé una garantía en el recibo. Los reparadores e instaladores siempre están dispuestos a dar una garantía verbal de sus servicios. Solo les estarás pidiendo que lo pongan por escrito. Cuando haya un problema después que se haya realizado el servicio, yo miro el recibo y observo la garantía que se dio.

Guardar mis recibos de alto valor y extractos de las tarjetas de crédito me ha ahorrado miles de dólares en el trascurso de los años. Esto exige disciplina, pero ciertamente vale la pena.

Principio 39

COMPRE UN COCHE QUE SE AJUSTE A SU PRESUPUESTO ACTUAL

Cuando uno está empezando, es difícil permitirse un coche nuevo de marca. Pero esa es la primera cosa que la mayoría de los adultos se compran cuando comienzan sus carreras. Le irá mucho mejor comprando un coche usado confiable (en efectivo) y ahorrando para un coche nuevo que se comprará más tarde.

Continúe con la estrategia de compra de un coche usado hasta que se pueda permitir comprar uno nuevo en efectivo. Puede conseguir esto incluyendo en su plan mensual de ahorros un "fondo para el nuevo coche" (o "fondo para el próximo coche"). Le llevará pocos años reunir los fondos necesarios. Mientras tanto continúe conduciendo su coche usado. Trate de no sacar un coche en arrendamiento financiero. Esto se convierte realmente en la forma más cara de tener un coche. Además, si continúa sacando préstamos para los coches, los pagos se van a convertir en un estilo de vida.

Otro buen consejo para comprar coches nuevos de manera económica es comprar el modelo del año pasado (siempre que el diseño exterior no haya cambiado). Si espera algunos meses luego de llegar el nuevo modelo del año, le sorprenderá las ofertas que puede obtener por un coche nuevo en los modelos del año pasado. Hubo un año en el que compré un coche de $75,000 por sólo $42,000 y era de marca, y totalmente nuevo.

Una vez que pueda comprar el coche nuevo en efectivo, debería ser capaz de hacer esto de por vida. Puede hacer esto siguiendo los pasos que verá a continuación:

1. Sigue ahorrando para el fondo de su nuevo coche (todos los meses sin falta).
2. Conduzca su coche nuevo por muchos años (al menos siete años).
3. Compare precios para un nuevo coche que sea el modelo del año pasado.
4. Repita el proceso.

La clave para el proceso de compra del coche es la paciencia. Compre coches usados hasta que pueda permitirse comprar uno nuevo en efectivo. Siga el principio de comprar solo lo que se pueda permitir, y eventualmente se sorprenderá del coche tan bueno que comprará.

Principio 40

COMPRE EL MODELO DEL ÚLTIMO AÑO EN ARTÍCULOS DE ALTO VALOR

Este principio se refiere a artículos de alto valor como coches, televisores, equipos electrónicos y aparatos. Los cambios en estas áreas casi nunca son significativos de un año a otro. En la mayoría de los casos el modelo nuevo se diferencia solo un poco del viejo. A menudo puede comprar el modelo del último año por mucho menos valor que el modelo "nuevo". Los fabricantes quieren deshacerse del catálogo del año anterior, de manera que están muy dispuestos a reducir significativamente sus precios.

Como hablamos en el principio anterior acerca de los coches, esta estrategia puede ahorrarte miles de dólares. Debo advertirte que hay que asegurarse de no comprar el coche nuevo del año pasado cuando el fabricante esté sacando un nuevo modelo de coche con cambios drásticos este año (los fabricantes de coches a menudo hacen esto cada seis o siete años). En estos casos, su coche pasa de moda rápidamente y, por tanto, pierde valor rápidamente.

Mucha gente compra el último modelo para poder decirles a sus amigos que tienen el "mejor" producto y "lo último". Ya que los cambios son tan pequeños, ese sería realmente su único motivo para comprar el modelo del último año.

En lo que respecta a aparatos y televisores, ¿cuándo fue la última vez que le dio a alguien el año de su televisor o su lavavajillas? Siempre que los modelos viejos tengan las mismas características (o similares), su calidad será la misma o mejor que la de los modelos más nuevos.

Otra idea es mirar el modelo del último año (o incluso el de este año) con pequeños rayones (en lugares imperceptibles). Siempre vas a obtener un descuento en estos productos. Esto me sucedió una vez que compré un televisor nuevo de marca. Pagué $125 menos después de mostrarle al vendedor que el televisor tenía un pequeño rayón en el costado (en este caso ayudan las habilidades de negociación que se abordarán en el próximo principio). ¡Sabía que nadie se daría cuenta del pequeño defecto, pues el televisor iba a colocarlo en un centro de entretenimiento!

A lo largo de su vida ahorrará decenas de miles de dólares comprando el modelo del último año en objetos de alto valor.

Principio 41

NEGÓCIELO TODO

Nunca acepte el precio de ningún producto o servicio (particularmente los artículos de alto valor). Mucha gente acepta el precio como un hecho cuando no lo es. La negociación es molesta. Provoca estrés y tensión. Le hace parecer inferior. Le hace parecer maleducado. Algunas veces incluso le hace sentir tonto. Todo esto es cierto (a veces), pero la negociación también le ahorra cientos de miles de dólares a lo largo de la vida.

A continuación algunos consejos rápidos:

- Haz muchas preguntas y deja que "ellos" hablen. Le sorprenderá lo mucho que aprende.
- Haga su investigación y tenga todos los datos a la mano.
- Nunca "tiene que tener" nada en absoluto. Debe estar dispuesto a comprometerse con lo que compra.
- Retrase su compra hasta que el precio y los términos sean aceptables.
- Pague en efectivo para obtener una mejor oferta.

El mejor ejemplo sobre esto es cuando compra un coche. Sigue el consejo anterior y esto es lo que va a pasar:

- El vendedor le hará muchas preguntas. Haz lo contrario con él o ella.
- Use Internet para averiguar sobre precios y descuentos.
- No se enamore de un coche en específico. Asegúrese de que el vendedor sepa que tiene muchas alternativas.

- No compre hasta que haya salido por lo menos dos veces de la sala de exhibición. Es muy poco frecuente que el vendedor no venga detrás de usted con "una oferta final y mucho mejor".
- Al final pague en efectivo (no utilice arrendamiento financiero). Compre sólo lo que pueda permitirse.

Si utiliza estos cinco consejos rápidos, se ahorrará miles en la compra de solo un coche.

Como ya sabe, este no es un libro sobre negociación, de manera que no voy a enseñarle los pormenores de la negociación. Si está interesado en volverse experto en esta área, consulte los libros y seminarios útiles que estén disponibles.

Si tiene en mente que los precios y términos siempre son negociables *y* si no tiene miedo de negociar, conseguirá mejores precios y términos con mucha frecuencia. Recuerde, si nunca pide algo, es imposible que lo obtenga. Use la negociación para obtener lo que quiere al precio que quiere pagar.

Principio 42

GASTE AHORA PARA AHORRAR DESPUÉS

Este es un principio interesante. Algunas veces es importante gastar más dinero ahora para ahorrarlo más tarde. Esto no significa que deba gastar más de lo que puede permitirse. Esto significa que debe continuar haciendo concesiones adecuadas, de manera que pueda seguir este principio.

A continuación tenemos algunos ejemplos en los que tiene sentido gastar ahora para ahorrar después:

- **Mantenimiento del coche**– La gente siempre aplaza esto, pero no deberían. Cumpla con lo indicado en el manual de mantenimiento de su coche e investigue inmediatamente cualquier problema que vea (o escuche). Los pocos dólares que cueste le ahorrarán miles de dólares a lo largo de la vida útil de su coche (y decenas de miles en los muchos coches que compre a lo largo de tu vida).
- **Hipoteca de la casa**–Si paga un mes extra de hipoteca (escriba "Sólo valor principal" en el cheque y mándele una nota al acreedor), y reducirá en siete años una hipoteca de treinta años.
- **Equipos para ejercicios**–Desafortunadamente hay muchos equipos baratos disponibles. A menudo se rompen y el arreglo es costoso. Si compra equipos de alta cali-

dad (costarán más), deberían durar años. Tengo los mismos equipos de gimnasio que compré hace veinte años. Eran de la mejor calidad y caros, pero los uso todos los días. Advertencia: ¡Asegúrese de que va a usarlos!

- **Seguro médico**–Aunque puede que esto no requiera de dinero (si tu compañía lo cubre), tengo que aportar mi granito de arena a este respecto. Hágase un chequeo médico, un examen oftalmológico y dos limpiezas dentales al año. Esto le ahorrará miles de dólares a lo largo de su vida. Aún más importante, ¡esto puede salvar su vida y permitirle vivir más tiempo!

Espero que este principio le enseñe que es correcto gastar en las áreas "adecuadas"–y es, de hecho, necesario–para ahorrarle dinero a largo plazo. Solo asegúrese de entender cuáles son las áreas importantes.

Lección Sobre Deudas y Tarjetas de Crédito

Principio 43

LAS DEUDAS SON MALAS

Por supuesto que las deudas son malas. ¿Por qué tuve que anotar esto como un principio? Porque se encontrará con mucha gente en el ámbito de las finanzas que le dirán que la deuda es buena. ¿Por qué habrá gente en el mundo que le diría que la deuda es buena?

Es sencillo, esa es la forma en la que hace dinero la gente del área financiera. ¿Por qué cree que los bancos de inversiones, bancos locales, compañías hipotecarias, compañías de tarjetas de crédito y muchas más en la industria financiera están en el negocio? Ellos hacen dinero prestando su dinero. A través de los pagos y cuotas de intereses, hacen billones de dólares al año.

También va a escuchar este argumento: "Unifica sus préstamos y toma un poco más, de manera que puedas mantener tu estilo de vida. Si haces esto, puedes liquidar todo con el paso del tiempo." ¡Falso! Solo estará adquiriendo más deuda y entrenándose para adquirir más deudas

¡La deuda de nuestro gobierno federal es de más de $19 trillones y aumenta a un ritmo de $500 millones al año! Si el gobierno puede tener deudas, ¿por qué tú no? Porque es imprudente, y aún más importante, le inducirán a "poner sus finanzas al día" toda su vida.

Lo he dicho antes, y seguiré haciéndolo para que su mente lo asimile: No compre "cosas" que no pueda permitirse y manténgase dentro de su presupuesto. Definitivamente, no se endeude. No puede tener todo lo que quiera en poco tiempo, pero a largo plazo tendrá estabilidad y siempre pisará terreno firme.

Principio 44

SI ESTÁ ENDEUDADO, SALGA DE ELLAS RÁPIDAMENTE

Si quiere gestionar su dinero de forma efectiva, esta es su primera tarea. Debe librarse de cualquier deuda que tenga. Entonces, ¿cómo hacerlo?

En primer lugar, ¡pare de gastar más de lo que tiene! En segundo lugar, desarrolle un buen plan. Una de las consignas con las que vivo es "Planifica tu trabajo, trabaja en tu planificación". Es difícil tener éxito sin un proyecto. Si no ejecuta ese proyecto, entonces el mismo no tiene valor. OK, me bajo del pedestal.

¿Qué pasos debería seguir para saldar su deudas?

1. Como dije anteriormente, pare de gastar más de lo que tiene de inmediato.
2. Pare de usar su tarjeta de crédito. Utilice solo las tarjetas del cajero y de débito.
3. Guarde una tarjeta de crédito en su cartera (la que tenga la tasa de interés más baja) para cuestiones de emergencia y descarte las otras. Las verdaderas emergencias ocurren una vez cada dos meses (como mucho).
4. Lleve las cuentas de sus deudas. Determine exactamente cuánto debe y a quién, así como las tasas de interés que está pagando. Es importante anotar (a) deudas de menor

a mayor y (b) las tasas de interés que está pagando en cada deuda.

5. Haga un proyecto a largo plazo que le libere de todas sus deudas dentro de un lapso específico de tiempo. Incluya las cosas en las que menos gastará. Siga de cerca sus hábitos de gastos y corte/reduzca todos los gastos posibles para financiar la eliminación de su deuda. Desafortunadamente esto puede suponer algunos cortes drásticos en áreas fundamentales (ejemplo: la vivienda). Asegúrese de seguir su plan.

6. Libérese primero de las tasas más altas de intereses y las deudas más pequeñas (así tendrá algunas ganancias rápidas y fáciles). Le hará sentir mejor y le preparará psicológicamente para saldar mayores deudas. Es similar a cuando baja de peso.

7. Pague al menos el mínimo en todas sus deudas.

8. Empiece a liquidar sus deudas de mayores montos (repito, primero aquellas con las mayores tasas de interés).

9. Siga su plan hasta que esté libre de dudas–y nunca vuelva a caer en deudas.

Proyecte toda su energía en saldar sus deudas. Su recompensa es dejar de estar endeudado. No se trata de obtener un ordenador o un coche nuevo. Una vez que haya pagado sus deudas, debe vivir según los principios expuestos en este libro **CADA DÍA.**

La mayoría de los expertos le dan algunas variante de los pasos anteriores, pero no le dicen cuán difícil es seguir esos pasos. Voy a decirle algo que no le va a gustar: No es fácil salir de deudas. Tendrá que sacrificarse.

Los últimos años han demostrado que los estadounidenses odian hacer sacrificios financieros. Lo diré otra vez: Si tiene deudas, no tiene opción. Tiene que hacer sacrificios.

DÍGALE NO A LAS TARJETAS DE CRÉDITO. NO ACEPTE TARJETAS DE CRÉDITO MIENTRAS ESTUDIE

En la universidad le van a llover ofertas especiales de compañías de tarjetas de crédito. Hay una razón para esto. Quieren engancharle cuanto antes en el uso de las tarjetas de crédito. De hecho, el 80 por ciento de los graduados de la universidad tienen deudas de tarjetas de crédito (incluso antes de tener un trabajo).

Algunos pueden decir que el próximo comentario es radical, pero espero que capte su atención.

Caer en la red de las tarjetas de crédito es tan malo como caer en la red de las drogas. Una vez que empieza a usar una, querrá seguir usándola. Entonces querrá obtener más tarjetas de crédito porque tienen ofertas especiales. Antes de que lo sepa, estará dejando la universidad con más deudas de las que puede manejar por el resto de su vida.

También puede comparar tener una tarjeta de crédito con tener un arma peligrosa que no tiene idea de cómo usar. Sacarla la primera vez puede ponerle nervioso. Pero cuanto más la saque, más fácil es que la use.

Quiere una camisa nueva, una cena cara, o sólo algunas entradas para un concierto al que van todos sus amigos. Desafortunadamente no tiene el dinero, pero tiene la tarjeta de crédito. Es tan fácil usarla ahora y pagar después. No lo haga.

Definitivamente, no hay motivo para tener una tarjeta de crédito en la universidad. Puede usar cheques, una tarjeta de débito, o– ¿por qué no pagar con el antiguo y buen método–en efectivo? Compre sólo lo que pueda permitirse. La universidad es una etapa para disfrutar la vida. También es una etapa en la que ve a otros hacer cosas que usted quiere hacer y tener cosas que usted quiere tener. Todavía puede disfrutar la vida sin tener una tarjeta de crédito.

Yo no tuve tarjeta de crédito hasta que comencé a trabajar, y la única tarjeta de crédito que tuve en los primeros años de mi carrera fue una tarjeta de crédito profesional que me dio la compañía. No necesitaba ninguna en absoluto. El poco dinero que tenía, estaba en mi cuenta corriente o en mi bolsillo. Descubrí que cuando pagaba las cosas en efectivo, me mantenía al corriente del costo y mantenía mis gastos bajo control.

Vive dentro de sus posibilidades. Esto también significa vivir sin tarjeta de crédito mientras está en la universidad.

Principio 46

DESPUÉS DE LA UNIVERSIDAD, TENGA COMO MÁXIMO SÓLO UNA TARJETA DE CRÉDITO

Me aturde pensar en por qué la gente tiene más de una tarjeta de crédito. ¿Una no es suficiente para comprar todas las cosas que necesita? ¿Será que quieren obtener puntos de aerolíneas diferentes? ¿Será que quieren ese descuento único de cinco por ciento de su vendedor favorito?

Hay tantos incentivos pequeños y a corto plazo para tener varias tarjetas de crédito. Recuerde que los beneficios son pequeños y de corto plazo. No merece la pena una deuda potencial a largo plazo por caer en la promociones de las compañías de tarjetas de crédito.

Alguna gente cree que las tarjetas de crédito son símbolos del estatus (fíjese en la persona que tiene cinco tarjetas de crédito y todas son de nivel Platino). No lo entiendo: ¿Desde cuándo tener más deudas es un anhelo? Siéntase orgulloso de tener solo una tarjeta de crédito.

Tener una sola tarjeta de crédito facilita el control de tu deuda (la cual no tendrá, si sigue los principios de este libro). Mejor aún, renuncie a la tarjeta de crédito y usa sólo la tarjeta de débito. Una tarjeta de débito hará todo lo que hace una tarjeta de crédito, excepto una cosa: ¡No le generará deudas!

Principio 47

SI TIENE QUE TENER UNA TARJETA DE CRÉDITO, PAGUE EL SALDO TODOS LOS MESES

Esto debería ser sencillo: Compre sólo lo que pueda pagar. Si necesita un objeto costoso, entonces guarde el dinero hasta que pueda permitírselo. Comprar más de lo que puede permitirse puede resultar en una espiral negativa de crecientes deudas.

Vamos a poner un ejemplo simple:

- Compra un sistema de entretenimiento doméstico de $10,000 con su tarjeta de crédito.
- Su tarjeta de crédito tiene una TAE (tasa anual equivalente) de 15 por ciento.
- Usted hace el pago mínimo de 2 por ciento del saldo.
- Su primer pago es de $200, del cual $125 van a intereses. Sólo $75 se destinan al capital.

Tomará casi siete años y cerca de $16,000 liquidar esa compra con tarjeta de crédito de $10,000. ¡Estarás pagando 60 por ciento más por el sistema de entretenimiento doméstico que si hubiese pagado en efectivo! Entonces, no lo haga. Espere hasta que se lo pueda permitir y pague sólo el precio real por el sistema de entretenimiento.

Además, si decide obtener una tarjeta de crédito, asegúrese de comparar precios para la mejor TAE, términos y cuotas. No se deje engañar con las tasas altas de interés porque vaya a obtener obsequios de su aerolínea, hotel o tienda favoritos. Esos obsequios le costarán una buena suma si tiene una tasa alta de intereses y/o cuotas anuales altas.

Si paga la cuenta total de su tarjeta de crédito mensualmente, se convertirá en un estilo de vida. Una vez que haga esto, nunca pensará en retrasarse en sus pagos. Verdaderamente va a disfrutar de la libertad financiera y la vida libre de estrés que resulta de hacer esto.

Principio 48

DESARROLLE Y MANTENGA UNA BUENA CALIFICACIÓN CREDITICIA

Una buena calificación crediticia es esencial para una serie de áreas que afectan su salud financiera, incluyendo las siguientes:

- Asegurar sus préstamos de vivienda, del coche y de otra índole.
- Obtener la tasa de interés más favorable que le ahorrará cientos de miles de dólares a lo largo de su vida.
- Alquilar un apartamento. Los arrendadores se fijan en esto debido a la capacidad de pago.
- Tener un trabajo. Los empleadores usan la calificación para ver si es un empleado confiable.

Obtener una buena calificación crediticia es simple. Pague sus facturas en forma puntual, todo el tiempo. Esto incluye la hipoteca, el alquiler, loa servicios públicos, facturas de servicios y, por supuesto, las tarjetas de crédito. Lo crea o no, incluso un pago retrasado puede afectar su calificación crediticia. Su historial de pagos es el principal componente en la elaboración de su calificación crediticia.

No solicite muchas tarjetas de crédito. Las solicitudes de tarjetas de crédito a menudo se recogen en informes crediticios como "peticiones." Demasiadas "peticiones" harán que los prestamistas crean que está asumiendo muchas deudas y, por tanto, que representa un alto riesgo de impago. Tener muchas tarjetas de crédito con varios saldos les dice a las compañías de crédito que es malo gestionando su dinero. Por tanto, será difícil obtener un crédito futuro.

Ha escuchado la expresión "Me he excedido con mi tarjeta de crédito". Definitivamente no haga esto. Los acreedores miran de forma desfavorable a la gente que usa la mayor parte del crédito disponible en sus tarjetas de crédito. Para estar a salvo debería intentar gastar hasta sólo el 35 por ciento del crédito disponible.

Ahora es el momento de que me suba a mi pedestal en cuanto a la relación buen crédito y carácter. Tener una buena calificación crediticia no solo es una obligación financiera, sino también moral. Es un reflejo de su carácter personal. Me aturde pensar en cómo la gente puede darle la espalda a las facturas que deben personalmente. Esta gente muestra claramente su falta de carácter.

¿Alguna vez ha prestado dinero a un amigo que no le haya pagado? ¿Cómo se sintió? ¿Qué pensó de ese amigo? ¿Qué pasaría si no pagarle hubiese significado que usted tampoco podría pagar sus facturas? ¿Cómo se habría sentido entonces?

Personalmente, si no pagase mis facturas, sería difícil mirarme al espejo. Desafortunadamente muchos deudores pueden mirarse al espejo, y no pagar sus facturas se convierte en un estilo de vida. A fin de cuentas, esto los atrapa y los hiere social y financieramente.

Recuerde que su calificación crediticia se crea con el tiempo. Una vez que tenga una calificación negativa, tomará tiempo cambiarla. Si paga sus facturas en forma puntual, siempre, desde el principio, recogerá los frutos en el futuro.

MANTENGA UN BUEN PUNTAJE FICO

¿Qué es el puntaje FICO? Es un puntaje crediticio que los acreedores (y arrendadores) utilizan para determinar su capacidad futura de pagar las facturas. Es una ecuación matemática que tiene en cuenta varias series de datos de su informe crediticio.

Los puntajes van hasta 850 puntos. Si tiene un puntaje de 700 o superior, entonces se halla en buena situación. Un puntaje FICO está compuesto por cinco categorías:

1. **Historial de pagos (35 por ciento)** —La norma es pagar puntual. Olvidar los pagos le daña en este aspecto.
2. **Deudas (30 por ciento)** — ¿Cuántas deudas tiene? Demasiadas cuentas de tarjetas de crédito le dañarán en este aspecto.
3. **Duración de su historial crediticio (15 por ciento)** — ¿Por cuánto tiempo ha tenido deudas? Su edad le afecta en este aspecto, ¡pero no puede hacer nada al respecto!
4. **Monto del nuevo crédito (10 por ciento)** —No quiere tener demasiado crédito nuevo.
5. **Tipos de crédito que tiene (10 por ciento)** —Buen crédito frente a mal crédito. Una hipoteca de vivienda es mejor que un préstamo no asegurado (un préstamo que la propiedad inmobiliaria no respalda).

Cuando esté empezando, debe establecer un buen historial crediticio de manera que tenga un buen puntaje FICO. Si sigue manteniendo un buen crédito, le ahorrará fácilmente decenas de miles de dólares solo en intereses hipotecarios.

Principio 50

COMPRENDA EL VALOR TEMPORAL DEL DINERO

Con esto me refiero a entender las tasas de interés. Comprender lo que está ganando sobre tu dinero, e igual de importante, comprender lo que está pagando por tomar dinero prestado (por ejemplo: tarjetas de crédito).

Pongamos un ejemplo simple:

- Deposita $10,000 en una cuenta que le hace ganar un interés de 5 por ciento anualmente por cinco años.
- Después de un año tendrá $10,000 + ($10,000 x 5 por ciento) = $10,500.
- Después de dos años tendrá $10,500 + ($10,500 x 5 por ciento) = $11,025.
- Después de cinco años tendrá $12,762.

Ahora, recuerde el ejemplo de la tarjeta de crédito en el cual está pagando intereses (a una tasa mucho más alta de la que tiene en una cuenta de ahorro—porque así es como las compañías de tarjetas de crédito hacen mucho dinero):

- Compra un sistema de entretenimiento doméstico de $10,000 con su tarjeta de crédito.
- Su tarjeta de crédito tiene una TAE (tasa anual equivalente) de 15 por ciento.
- Usted hace el pago mínimo de 2 por ciento del saldo.

- Su primer pago es de $200, del cual $125 van a intereses y sólo $75 se destinan al capital.
- Tomará casi siete años y cerca de $16,000 liquidar esa compra con tarjeta de crédito de $10,000. De esta forma, ¡estará pagando un extra de $6,000 por algo porque lo compró antes de que realmente se lo pudiera permitir!

Parece una buena idea: Usted ahorra dinero, lo invierte de forma apropiada y este va a trabajar por usted. Por el contrario, si toma dinero prestado y pagas tasa más altas de intereses, el dinero empieza a trabajar en su contra, ¡y comienza una pendiente resbaladiza en descenso!

Si entiende este principio (y los anteriores con respecto a las deudas por tarjetas de crédito), entonces siempre liquidará sus deudas de tarjetas de crédito en lugar de ahorrar dinero (la tasa de interés que está pagando siempre es más alta que el interés que ganaría de sus ahorros). Realmente la mejor elección es no tener nunca una deuda por tarjetas de crédito.

Lección Sobre Inversiones

ADMINISTRE SU PROPIO DINERO

Esto es lo contrario a lo que aconsejan los expertos en finanzas. Ellos le dicen que consiga un asesor financiero que le ayude a invertir su dinero. ¿Y por qué no lo harían? Ese es el modo en que ellos hacen dinero—invirtiendo su dinero y tomando una pequeña porción de éste.

La mayoría de los asesores financieros ganan dinero con las tarifas que le cobran a usted. No son mala gente y muchos de ellos son muy inteligentes cuando se trata de inversiones. Sin profundizar demasiado en ello (porque este no es un libro sobre inversiones), no muchos asesores financieros le "ganan al mercado". Por tanto, básicamente, usted está pagando por nada y poniendo su confianza/fe en un individuo.

La parte de la confianza es complicada—incluso si su asesor es un miembro de la familia o un amigo. Recuerde, se trata de su dinero y a nadie le va a importar tanto como a usted. Si bien estoy seguro de que un 98 por ciento de todos los gestores monetarios o administradores de cartera son confiables, me preocupa ese 2 por ciento que no lo son.

Debo admitir que estoy siendo parcial aquí. Mi ex cuñado era mi único gestor monetario. Cuando necesité el pago inicial para mi primera vivienda, le pedí que vendiera mis inversiones. Y quién lo iba a decir, él me había robado el dinero. Si bien él trabajaba con una casa de corretaje que se encontraba entre las diez mejores, me había estado enviando actualizaciones mensuales fraudulentas durante los años anteriores (utilizando el membrete y los formularios de la compañía). Había sufrido un caso de estafa "mini-Madoff" en mi propia familia (digo 'mini', porque no tenía mucho dinero en esa época).

Mi opinión personal es que usted debería abrir su propia cuenta de inversión con una empresa como Charles Schwab y comprar fondos mutuos sin pago de comisiones (sin comisión de venta) y con bajos gastos.

Principio 52

NO CAIGA EN LOS SISTEMAS DEL TIPO "HÁGASE RICO RÁPIDAMENTE"

Las únicas personas que se enriquecen con los sistemas del tipo "hágase rico rápidamente" son las personas que los comercializan y los venden. En tal sentido, debería evitar las "grandes ofertas" y las "pequeñas gangas", usted necesita alejarse de los sistemas del tipo "hágase rico rápidamente".

Los sistemas del tipo "Hágase rico rápidamente" son inversiones que prometen tasas de rentabilidad sumamente altas por una inversión de tiempo y de dinero relativamente pequeña. Se ven y suenan demasiado buenas para ser verdad, porque lo son.

Algunos ejemplos de estos sistemas incluyen lo siguiente:

- **Estafas de pago por adelantado**—Aquí, le piden pequeñas cantidades de pagos por adelantado con la promesa de ganar enormes sumas de dinero debido al pago de la cuota.

- **Promesa del tipo "Trabaje en casa y gane millones"**—Si fuera así de fácil, todo el mundo lo estaría haciendo. Esto, por lo general, requiere la compra de algún producto, kit de marketing, o de ventas que va a ser una pérdida total de su dinero.

- **Infocomerciales**—Evite aquellos que muestran a gente ganando miles de dólares utilizando una estrategia inmobiliaria.

- **Esquemas piramidales**—Su trabajo no consiste en vender producto, sino en conseguir que más personas vendan por debajo de usted.

- **Esquemas de Ponzi**—Estos esquemas ofrecen a los inversores alta rentabilidad garantizada sin riesgos. El problema es que si usted alguna vez quiere que le devuelvan su capital, ya se lo han dado a otra persona.

- **Propuestas comerciales que le venden su "fórmula secreta" para el éxito**—Enfrentémoslo: En nuestro mundo ya no hay nada que sea un secreto. Si fuese un éxito, la gente ya estaría enterada.

Cuando usted vea algo que se parezca a un sistema del tipo "hágase rico rápidamente", aléjese corriendo (no andando). Recuerde, la manera a la antigua usanza de trabajar duro y trabajar en forma "inteligente" es la mejor manera de hacerse rico.

Principio 53

NO BUSQUE EL JONRÓN FINANCIERO; LOS SENCILLOS Y LOS DOBLES DAN COMO RESULTADO LA VICTORIA A LARGO PLAZO

Por si no se le quedó grabado en la cabeza con el último principio, lo voy a volver a enfatizar aquí. Sin embargo, esto es lo inverso del principio anterior. El principio anterior señala problemas con personas que le *encuentran* y le *abordan* con sistemas del tipo "hágase rico rápidamente". Este principio se trata de usted *buscando* el jonrón financiero.

En pocas palabras, es extraño encontrar el jonrón, pero habitualmente se pueden encontrar sencillos y dobles. Suman más "carreras" y victorias a largo plazo.

Un ejemplo es el modo en que usted compra acciones. La persona que busca el jonrón financiero pondrá todo su dinero en acciones de una empresa de Internet recién lanzada que parece ser el próximo Google. La persona que busca anotar un sencillo puede invertir el 1 por ciento de su cartera de acciones en esta nueva acción recién lanzada y el resto en una cartera de acciones diversificada.

Otro ejemplo extremo es alguien que toma sus ahorros semanales y compra billetes de lotería en vez de destinarlos a futuras inversiones. Él puede ser uno en cien millones que anote el jonrón financiero. Sin embargo, con toda probabilidad, él terminará no habiendo ahorrado nada. Si él hubiera invertido el dinero, habría podido acogerse a una jubilación anticipada con unos ahorros considerables.

La mayoría de los millonarios se hicieron millonarios conectando sencillos y dobles. Aunque, a menudo, leemos de quienes anotaron el jonrón financiero, estos son la excepción. Limítese a las inversiones inteligentes, a largo plazo, de bajo riesgo.

NO INVIERTA SÓLO EN UNOS POCOS VALORES (O INVERSIONES)

Si bien, seguramente no estoy lo suficientemente capacitado para recomendarle qué acciones debería comprar, le diré que diversifique su cartera de valores (e inversiones). La diversificación es el acto de comprar una serie de inversiones diferentes de modo que disminuya su riesgo de inversión.

Aprendí esto observando a un par de personas que cometieron el error de invertir todo su dinero en sólo tres valores. Por un periodo de cinco años, sus inversiones crecieron de unos cientos de miles a varios millones. Lamentablemente, durante el sexto año, una de las compañías se fue a la bancarrota, y las otras dos alcanzaron una cotización considerablemente menor que las inversiones originales.

Por tanto, estas personas pasaron de ser multimillonarios a pobres en tan sólo doce meses. Si hubieran puesto su dinero en varias inversiones, les habrían ido bien.

Créame, esto no es algo fuera de lo normal. Sucede todo el tiempo. Los inversores se obsesionan con una acción (o bono o bienes inmuebles) y ponen todo su dinero en ésta. Sin embargo, rara vez esta resulta ser una estrategia de inversión exitosa.

Así que, no ponga todos sus huevos en una canasta. Leerá más acerca de esto en los siguientes principios de inversión.

Principio 55

NO SE GUÍE POR "CORAZONADAS" EN EL MERCADO DE VALORES Y NO INVIERTA EN CONSEJOS DE AMIGOS DEL TIPO "NO TE LO PUEDES PERDER"

Si no ha sucedido aún, llegará un día en que un amigo le diga que compre una acción de alto rendimiento, de esas que llaman "no te lo puedes perder". Hágase un gran favor y olvídese de que alguna vez recibió el consejo de su amigo. De las, más o menos, veinte acciones del tipo "no te lo puedes perder" de las que me han hablado los amigos, sólo dos tuvieron un rendimiento razonable.

También llegará un día en que usted tenga una corazonada sobre una acción. Usted tiene la sensación de que la acción va a tener buen desempeño. A menos que usted haya investigado la compañía y entienda el riesgo/oportunidad asociada con la inversión, no se "guie por su corazonada".

Estoy seguro de que ha oído historias sobre personas que les ha ido bien en cualquiera de las dos situaciones antes mencionadas. Tan sólo recuerde que ellos son, de lejos, la minoría. Si usted siente la absoluta necesidad, invierta una cantidad mínima (menos de la

mitad del uno por ciento del total de sus ahorros) en una corazonada o en una acción del tipo "no te lo puedes perder". Por favor,
no invierta la mayor parte de sus ahorros.

Principio 56

GESTIÓN DE INVERSIONES FÁCIL A TEMPRANA EDAD: COMPRAR TRES O CUATRO FONDOS MUTUOS BASADOS EN ÍNDICE DE ACCIONES

Una gran salvedad aquí: Yo no soy asesor de inversiones. El mayor obstáculo para invertir—y que hace que las personas retrasen su inversión por años—es que es complicado y no saben dónde poner su dinero.

Por tanto, mi consejo para las personas que están empezando es hacerlo lo más sencillo posible. De lo contrario, yo sé que esperarán años y habrán perdido la oportunidad de hacer que crezca su dinero.

Así que, aquí hay una lección rápida sobre fondos mutuos de acciones:

- **Definición**—Un vehículo de inversión que es administrado por un profesional de las finanzas. Un fondo mutuo le permite invertir en una serie de acciones administradas por dicho profesional en lugar de comprar cada una de las acciones en forma individual. A esto se le llama diversificación.

- **Comisiones**—Todos los fondos mutuos cobran comisiones. Algunos cobran comisiones adicionales de ventas. Analizaré las c comisiones de ventas más adelante en el siguiente principio.

- **Fondos mutuos a base de índice**—Estos fondos se centran en replicar el comportamiento de un mercado financiero específico o un tipo específico de categoría de acciones (por ej., las acciones de grandes compañías). Ya que estas no requieren una gestión activa, cobran cuotas más bajas.

- **Tipos de fondos mutuos de acciones**—Usted puede invertir en diferentes categorías de fondos mutuos, incluyendo las grandes empresas (alta capitalización), medianas empresas (mediana capitalización), y pequeñas empresas (pequeña capitalización). Las categorías también incluyen muchas áreas específicas, que incluye la internacional, la específica de países (por ej., China), la tecnología y la salud.

- **Fondos de crecimiento frente a fondos de valor**— Los fondos de crecimiento consisten en empresas en industrias de alto crecimiento que se espera que tengan alto crecimiento de ganancias futuras. Los fondos de valor son los que se negocian a un descuento en relación con su valor futuro previsto debido a que están en industrias en declive.

Cuando yo estaba empezando, puse un total de $4,000 en cuatro diferentes fondos de inversión basados en índice de acciones (fondos de comisión baja/fondos sin comisión de venta):

1. De valor en grandes empresas ($1,000)
2. De crecimiento en empresas de mediana capitalización ($1,000)
3. De crecimiento en pequeñas empresas ($1,000)
4. De crecimiento internacional ($1,000)

Desde este inicio básico, hice crecer mi cartera de acciones. En veinticinco años, no he variado mucho a partir de este enfoque. Tan sólo he añadido distintas categorías y he hecho crecer mi cartera desde ahí. Aún más importante, siempre he mantenido mis inversiones muy sencillas y fáciles de entender para mí. Espero haber hecho lo mismo por usted.

Por favor, no haga exactamente lo que yo hice. Simplemente tome el aprendizaje y desarrolle un enfoque sencillo que le haga fácil a usted invertir. Le recordaré de nuevo que yo no soy un asesor en inversiones. Sólo quiero que usted invierta y que lo haga a una edad temprana.

COMPRE SIEMPRE FONDOS MUTUOS SIN GASTOS DE GESTIÓN EN LUGAR DE CON GASTOS DE GESTIÓN

Del principio anterior, usted sabe que todos los fondos mutuos tienen comisiones (éstas varían dependiendo del fondo). Sin embargo, no todos los fondos mutuos tienen comisiones de ventas.

Los fondos mutuos sin gastos de gestión son los que no cobran una cuota de ventas. Los fondos mutuos con comisión incluyen una comisión de ventas (que puede variar de 1% hasta aproximadamente 7%). Algunos fondos cobran esta comisión, porque creen que sus gestores de fondos son más eficaces que otros en el desarrollo de una mejor cartera de fondos mutuos.

Casi todo lo que he visto durante los pasados veinticinco años ha demostrado que no se obtiene un rendimiento de inversión adicional cuando paga una comisión de ventas. De hecho, la mayoría de los fondos mutuos sin gastos de gestión se han comportado de manera más eficaz que sus contrapartes con gastos de gestión.

De modo que, mi consejo no profesional es que ahorre su dinero y no page comisiones de ventas por fondos mutuos. Maximice su inversión dejando que todo su dinero trabaje para usted.

Principio 58

INVIERTA EN SU PLAN 401K—AL MENOS IGUALANDO EL APORTE DE LA EMPRESA

Yo no entendía esto del todo cuando empecé a trabajar. Sin embargo, se trata de un principio bastante sencillo (una vez que alguien se lo explica a uno). Muchas empresas tienen un plan de inversión 401K en el cual se puede invertir.

El 401K consiste en diferentes vehículos de inversión en los que se puede elegir para invertir. Son independientes y distintos de las acciones de su empresa. El 401K, probablemente, también proporcionará una opción para invertir en las acciones de la empresa.

Un beneficio importante de los planes 401K es que se invierte en ellos con montos antes de impuestos. En otras palabras, no se tienen que pagar impuestos por el importe que entra en ellos (directamente de su cheque de pago). Sin embargo, se debe usar sólo el importe de dinero que no se va a necesitar hasta la jubilación (se aplica una penalización importante por retirar los fondos antes de cumplir los sesenta y cinco años). Este es otro vehículo de ahorro forzoso para usted.

Otra ventaja importante de los planes 401K es que las empresas, a menudo, igualaran o equiparan entre el 1% al 5% de su salario bruto. Por cada dólar que usted ponga en su plan 401K, su empresa también pondrá un dólar (a veces, la empresa aportara 50 centavos o 25 centavos por cada dólar). En los dos últimos años, la economía ha obligado a algunas empresas a recortar este beneficio. No obstante, muchas empresas continúan ofreciendo la posibilidad de equiparar los aportes del empleado.

Un ejemplo le va a ayudar a entenderlo mejor. Digamos que usted elige invertir $5,200 al año en el Plan 401K de su empresa. Por tanto, la empresa, automáticamente, tomará $100 (antes de impuestos) de su salario todas las semanas y lo invertirá en su elección de opciones de inversión.

Digamos que su salario bruto es de $65,000 al año. Si la empresa iguala el primer 4 por ciento de su salario de $65,000, entonces, añadirá $2,600 al año a su inversión de 401K (sin costo). Eso es bastante significativo, en especial si usted hace esto en el transcurso del tiempo. Ahora, echemos un vistazo a cuánto se está invirtiendo anualmente:

- Su inversión de 401K = $5,200/año
- Contribución de la empresa = $2,600/año ($65,000 x 4 por ciento)
- Total inversión de 401K = $7,800/año ($5,200 + $2,600)

No quiero confundirlo con las matemáticas. **En pocas palabras, usted está ganando el 50 por ciento ($2,600) antes siquiera de empezar a invertir su dinero.** Si se me diera la oportunidad, yo haría eso cada vez que tuviera la ocasión. Sin embargo, muchas personas pasan por alto ese beneficio de la empresa.

Entonces, oblíguese a ahorrar utilizando el beneficio 401K de su empresa, y contribuya con un importe similar al aporte de la empresa. Este principio debería hacerle ganar un importante dinero con el tiempo.

Principio 59

NO INVIERTA CON LA FAMILIA Y AMIGOS (NI LES PRESTE DINERO)

Una manera segura de perder a la familia y a los amigos es invertir su dinero con ellos. No estoy diciendo que todas estas transacciones dan mal resultado, pero algunas de ellas sí. La mayoría de las veces no es debido a alguna irregularidad. Simplemente, sucede.

Si empieza su vida de adulto con esta filosofía (y se la da a conocer a los amigos y a la familia), entonces, será más fácil de seguir adelante con ello durante su vida adulta. De hecho, debido a que lo ha dado a conocer, la gente sentirá timidez de abordarle sobre temas de dinero.

Respecto a los que se molestan con usted por administrar sus finanzas de ese modo, en primer lugar, ellos no eran sus amigos. Tenga eso en mente, y le será más fácil desviar sus peticiones monetarias.

Si decide prestar dinero a un pariente, entonces, considérelo como si se lo estuviera obsequiando. Su expectativa debería ser la de no recibir nada a cambio. Sin embargo, asegúrese de poner por escrito las condiciones del préstamo. Si el pariente objeta ello (o le hace sentir mal por pedir un acuerdo por escrito), entonces, vaya en dirección contraria. Si, de hecho, le devuelve el préstamo, usted deberá considerar eso como un bono.

Por supuesto, no estoy sugiriendo que no dé un préstamo/donación a sus familiares inmediatos (su hijo o un padre). Es importante ayudar a los familiares que están en necesidad. Simplemente, entienda que se trata de un regalo, no de un préstamo (sin importar cómo lo llame usted). Pero repito la expectativa debería ser que usted no recibirá pago por ello. De ese modo, quedará gratamente sorprendido si el préstamo le es devuelto.

Lección sobre la Vivienda

Principio 60

ALQUILER—ALQUILE, NO COMPRE (HASTA QUE SE ESTA-BLEZCA)

Eso va en contra de todo lo que usted ha escuchado alguna vez, entonces, ¿por qué lo digo? Debido a que, definitivamente, tiene sentido.

A los jóvenes se les dice que están malgastando su dinero alquilando, cuando deberían estar acumulando capital de vivienda. Y, claro está, conseguir una deducción fiscal por los intereses e impuestos a la propiedad que están pagando por su vivienda.

Bueno, la última vez que comprobé eso, los intereses y los impuestos a la propiedad eran gastos. Como adulto joven, no tiene ningún sentido para usted, entrar en la fuerza laboral para tener gastos inasequibles para poder deducir una pequeña parte de ese gasto de los impuestos sobre sus ingresos. Espere hasta que tenga lógica para usted en términos financieros.

Además, hay costos de transacción importantes en la compra y venta de una vivienda—y no se olvide de los importantes costes de mantenimiento y reparación que se necesitan para dar el adecuado mantenimiento a su vivienda.

Desde un aspecto práctico, comprar una vivienda cuando uno tiene veintitantos años tiene sentido sólo si se tiene estabilidad en su vida. Si está casado, se siente cómodo sobre las perspectivas a largo plazo de su empleo, y no tiene planes de mudarse en los próximos años, entonces, podría pensar en comprarse una vivienda.

Sin embargo, la mayoría de los adultos jóvenes necesitan flexibilidad para mudarse cuando están empezando sus carreras. Con demasiada frecuencia, sus carreras hacen que se tengan que mudar una o dos veces mientras tienen veintitantos años. Vender una casa requiere tiempo y dinero (los costes de transacción para el vendedor son importantes). No tiene sentido que a uno le tengan cautivo en su ubicación y en su empleo, debido a que tiene una casa.

Por lo tanto, si usted es soltero y desea flexibilidad en su estilo de vida, alquile en lugar de comprar una vivienda. A usted no le van a aquejar los dolores de cabeza financieros y de mantenimiento que vienen con la administración de una casa.

No obstante, entienda esto: No estoy abogando por que nunca se compre una casa. Simplemente, le estoy diciendo que espere hasta que se lo pueda permitir y hasta que encaje sin problemas en su estilo de vida.

Principio 61

ALQUILER—PRESUPUESTE EL 25 POR CIENTO DE SU SALARIO BRUTO (MÁXIMO EL 30 POR CIENTO)

Si está buscando el mejor lugar para alquilar, debe ver sus ventajas y desventajas. Aquí hay unas cuantas:

- Antiguo versus nuevo
- Departamento versus a casa
- Distancia hasta el lugar de trabajo
- En la ciudad versus en el campo, y versus en áreas periféricas
- Compañero de apartamento o no
- Incluye servicios públicos o no
- Tamaño de la vivienda de alquiler (por ej., un estudio versus una habitación)

¿Cómo toma usted su decisión? Enfrentémoslo: El costo es el parámetro de primer orden. Si pudiera tener todo lo que quisiera sin pensar en la asequibilidad, entonces, lo tendría. La consideración secundaria siempre va a ser la ubicación.

Entonces, ¿cómo puede calcular lo que puede pagar? Use una regla simple: Presupueste el 25 por ciento de su salario bruto. Esto le debería permitir flexibilidad en la administración del resto de sus gastos. Si realmente lo quiere estirar, entonces usted puede irse al 30 por ciento de su salario bruto. Sin embargo, si hace eso, tendrá que examinar otras ventajas y desventajas en su estilo de vida. Simplemente, no lo puede tener todo.

Veamos un ejemplo. Su salario bruto es de $48,000 al año. Por tanto, usted tendría que gastar $12,000 al año (25 por ciento de su salario bruto) en el alquiler. Esto le permite $1,000 al mes para alquiler. Obviamente, el tipo de departamento/casa que puede alquilar va a variar significativamente en función de dónde vive.

Si se incluyen servicios públicos en el alquiler, entonces usted se puede permitir un poquito más de $1,000 al mes. Además, si puede gastar menos de los $1,000 en el alquiler, debería depositar el monto que ahorra en una cuenta de ahorros para el futuro pago inicial de una casa. Como ejemplo, cuando yo ganaba $48,000 al año, gastaba sólo $550 al mes en alquiler y ahorraba la diferencia.

Tan sólo recuerde, siempre va a haber ventajas y desventajas donde usted viva. Asegúrese de encontrar el lugar que mejor se adapte tanto a usted como a su presupuesto.

ALQUILER—SI USTED HA PAGADO UN MES POR DEPÓSITO DE GARANTÍA, NO PAGUE SU ÚLTIMO MES DE ALQUILER

Desafortunadamente, algunos propietarios ven el depósito de garantía como parte del alquiler. En demasiadas ocasiones, he visto a amigos perder su depósito de garantía, inclusive aunque han mantenido sus departamentos limpios y en excelente estado.

Si el propietario no va a devolver su depósito de garantía, tendrá que demandarlo para conseguir la devolución del dinero. Con toda probabilidad, el costo de hacer eso resultará en que renuncie a su depósito. Si no ha pagado su alquiler del último mes, el propietario utilizará el depósito de garantía como alquiler del mes. Después, él o ella lo podrían examinar para ver si se le causaron daños al departamento.

Esto no significa que no deba pagar por los daños que le causó al departamento, Si causó daños legítimos al departamento, o bien los arregla, o le paga al propietario la cantidad adecuada para arreglarlos.

Al utilizar su depósito de garantía como alquiler para el último mes, simplemente se estará protegiendo de la pérdida de una importante cantidad de dinero, y se estará poniendo a sí mismo en el control del proceso.

COMPRAR UNA CASA—COMPRE MENOS VIVIENDA DE LA QUE SE PUEDE PERMITIR

Esto va, de nuevo, en contra de lo que dicen muchos de los llamados "expertos". Lo que ellos dicen—compre más vivienda de la que se puede permitir, porque sus ingresos siempre van a ir en aumento—es una propuesta arriesgada que coloca, en usted, demasiada presión.

¿Por qué no empezar por comprar una casa que sabe que se la puede permitir? Cuando sus ingresos aumenten lo suficiente como para hacer frente a una casa más bonita y más grande en un barrio mejor, entonces se podrá comprar esa casa.

Cuando se compre su primera vivienda, podrá tomar sus ingresos adicionales con los que no se está sobre extendiendo para invertirlos/ahorrarlos para su próxima vivienda. Antes de que se dé cuenta, estará comprando viviendas con dinero en efectivo o con un pago inicial limitado.

Esto concuerda con otro principio que leyó: Viva siempre por debajo de sus posibilidades. Funciona. Después de comprar mi primera casa (tras haber alquilado por diez años) con una pequeña hipoteca, compré todas las casas posteriores con efectivo. Además, todas las casas posteriores fueron más asequibles en base a mis activos existentes.

Más importante aún, esta estrategia le permite disfrutar sus días como adulto joven sin la presión de una hipoteca elevada y sin la responsabilidad de ser propietario de una casa.

Principio 64

COMPRAR UNA CASA—LAS DOS MAYORES CONSIDERACIONES SON LA UBICACIÓN Y EL PRECIO

¡Ubicación, ubicación, ubicación! Puede que haya oído esta afirmación en relación con empresas de éxito y una buena vivienda. Usted debe entender una serie de factores importantes cuando se trata de ubicación y de la compra de una casa, incluidos los siguientes:

- **Seguridad y protección del barrio**—Hable con la gente que vive en el barrio. Analice la delincuencia del lugar y los informes de accidentes.
- **Proximidad al trabajo**—Conduzca al trabajo durante la hora punta. Se sorprenderá al ver cuánto aumenta el "tiempo de conducción" durante las horas punta, y eso varía de manera considerable según la ubicación y la cercanía de las autopistas.
- **Proximidad de las tiendas y restaurantes**—Usted no querrá conducir quince minutos para llegar a la tienda de comestibles.
- **Proximidad a las escuelas**—¿Tendrán sus hijos (o futuros hijos) servicio de bus? ¿Tiene fácil acceso a las escuelas?
- **Calidad de las escuelas**—Es importante estar ubicado donde hay escuelas de primera categoría, si no es por la

educación de su hijo, entonces, por el valor de la reventa de su casa.

- **Tráfico**—¿Pasa demasiado tráfico por su barrio?

Puede que halle la casa perfecta en la mejor ubicación, pero aún necesita obtenerla al mejor precio posible. Las cosas que hay que tener en cuenta respecto al precio incluyen las siguientes:

- **Precio actual**—No pague de más. El único modo de hacerlo es investigando precios de casas en la zona y enterándose del precio promedio por pie cuadrado para casas que se han estado vendiendo allí. Un buen lugar donde hallar esta información es realtor.com.

- **Potencial de apreciación (y valor de reventa)**—La probabilidad de que el precio vaya a aumentar en el futuro se basa en muchos de los criterios de ubicación considerados antes, junto con la adquisición de la casa a un buen precio.

- **Use negociación efectiva**
  - Asegúrese de que los vendedores saben que está mirando varias casas y la de ellos es tan sólo una opción.
  - Averigüe cuál es el "talón de Aquiles" de la casa, y menciónelo cuando ofrezca el precio.
  - Siempre ofrezca un precio que sea al menos un diez por ciento por debajo del precio anunciado. Siempre puede aumentar su precio más tarde.
  - Converse con el vendedor sobre cualesquier cuotas de mantenimiento que haya y los costos asociados con estas.

Use Internet para investigar todas las áreas antes mencionadas. También, haga todas las preguntas. Obviamente, su agente de bienes raíces es importante en su proceso de evaluación. Sin embargo, cerciórese de que él o ella no sea parcial en cuanto a ciertas áreas (o que simplemente esté tratando de hacer la venta). En otras palabras, es obligatorio usar un agente de bienes raíces de alta calidad que conozca la zona donde usted está buscando casas.

Su casa es la única compra de gran importancia que usted hará en su vida, y tendrá un peso significativo en el enfoque futuro de la gestión del dinero personal. Asegúrese de tomarse su tiempo y de poner el empeño para evaluarlo adecuadamente. El siguiente principio le ayudará a hacerlo de manera eficaz.

COMPRAR UNA CASA—EVALÚE LA CASA USANDO CRITERIOS ESPECÍFICOS

Cuando compra una casa, hay muchísimos factores a considerar. Evaluar todas las alternativas puede, en realidad, nublar su mente.

Para hacerlo más fácil, use mi "Evaluador de Casas", que se suministra en las siguientes páginas, para cualquier casa que esté considerando y compare los resultados. Si utiliza esa herramienta adecuadamente, le quedará claro qué casa (junto con la segunda y tercera alternativas) debería comprar.

Tenga en cuenta que, es posible que las casas que está mirando no contengan todos los elementos que se están evaluando (por ej. piscina y sótano). Simplemente, elimine esos del "evaluador" y añada los elementos que desee incluir.

Más importante, asegúrese de que entiende el efecto que tiene su decisión de compra en su presupuesto futuro y en su declaración de bienes patrimoniales.

Evaluador de Casas

Dirección:

Comentarios

GENERAL	PUNTOS
Ubicación	_____
Precio	_____
Sistema escolar	_____
Pies cuadrados	_____
Año de construcción	_____
Número de dormitorios	_____
Calidad de la construcción	_____
Mejores características	_____
Extras a considerar	_____
Costos de servicios públicos	_____
Problemas/Talón de Aquiles	_____

Sistema de puntaje
1=factor de riesgo impide compra
2=inaceptable
3=aceptable
4=bueno
5=excelente

Evaluador de Casas

Comentarios

INTERIOR	PUNTOS
Dormitorio principal/armario tocador	_____
Cuarto de baño principal	_____
Cuartos de los invitados/niños	_____
Cuarto de baño de los invitados/ niños	_____
Estudio	_____
Cuarto de juegos	_____
Sala de estar/Comedor	_____
Sala de estar familiar	_____
Cocina	_____
Zona de comedor	_____
Electrodomésticos	_____
Sótano	_____

Sistema de puntaje
1=factor de riesgo impide compra
2=inaceptable
3=aceptable
4=bueno
5=excelente

Evaluador de Casas

Comentarios

INTERIOR	PUNTOS
Cuarto/área de lavandería	_____
Aire acondicionado/calefacción	_____
Iluminación	_____
Áreas de almacenamiento/armarios	_____

EXTERIOR	
Paisajismo	_____
Apariencia exterior	_____
Área exterior de la cocina	_____
Área de la piscina	_____
Sistema de riego por aspersión	_____
Vecinos/barrio	_____
Ruido	_____

OTROS

Sistema de puntaje
1=factor de riesgo impide compra
2=inaceptable
3=aceptable
4=bueno
5=excelente

HIPOTECA—ASEGÚRESE DE QUE SU PAGO INICIAL ES AL MENOS EL 20 POR CIENTO DEL PRECIO DE COMPRA

Yo sé que antes le dije que alquilase, y que no comprase. Así es como se debería empezar. Alquile hasta que usted se pueda permitir comprar. Use los principios de este libro para determinar cuál es el momento adecuado para comprar una casa.

Cuando decida comprar una casa, los criterios más importantes van a ser el precio, la hipoteca, la tasa de intereses, y el pago inicial. Sin embargo, por favor, no olvide tener en cuenta los impuestos, los seguros y los costos de mantenimiento. Echemos un vistazo rápido a mi principio respecto a su pago inicial.

Algunos prestamistas le harán una hipoteca si usted hace un pago inicial al menos de 20 por ciento. Le cobrarán más por ello, y tendrá que obtener un seguro hipotecario privado (PMI, por sus siglas en inglés), lo cual es un costo añadido significativo a su hipoteca.

Si el prestamista no le cobra más, debería seguir adhiriéndose al principio de hacer un pago inicial de al menos un 20 por ciento. Esta es una parte importante para asegurarse de que no compra más casa de la que se puede permitir.

La ola de ejecuciones hipotecarias en el último par de años puede estar directamente ligada a los compradores de casas que han puesto menos de un 20 por ciento en su pago inicial de la compra de la vivienda. Se presumía que los precios de la vivienda seguirían subiendo. ¡Las personas que depositaban pequeños pagos iniciales para las viviendas (tan bajos como el 3 por ciento) se encontraron en serios problemas cuando no podían permitirse los pagos de una casa que valía menos que el precio de compra!

Recuerde, cuanto más alto sea el pago inicial, tanto más bajo será su pago mensual. Cuanto más bajo su pago mensual, tanto más fácil será para usted poder pagar su casa—y pagar su casa es su objetivo final.

HIPOTECA—ASEGÚRESE DE QUE SU PAGO MENSUAL NO EXCEDA EL 28 POR CIENTO DE SU SALARIO BRUTO

Mantenga su hipoteca mensual dentro de los límites de su presupuesto. Esto significa mantener su hipoteca mensual más impuestos a la propiedad más el seguro al 28 por ciento de sus ingresos brutos mensuales actuales. Si realmente quiere estar protegido, baje el 28 por ciento hasta entre el 20 y el 25 por ciento.

Mucha gente se olvida de tener en cuenta los costos del seguro y de los impuestos a la propiedad. Estos importantes costos pueden afectar su capacidad para pagar sus cuotas mensuales.

Para que esto cobre vida, veamos un ejemplo:

- $250,000 compra de la casa
- $50,000 pago inicial (20 por ciento el pago)
- $200,000 hipoteca de quince años (con tasa de interés del 6 por ciento)
- $1,687/mensual pago de hipoteca
- $300/mensual impuestos a la propiedad ($3,600/año)
- $100/mensual seguro ($1,200/año)

Su hipoteca mensual más impuestos a la propiedad más costos de seguros sería igual a $2,087 ($1,687 más $300 más $100).

Por tanto, usando la regla del 28 por ciento, usted necesitaría ganar alrededor de $7,500/mes ($2,087 = 28 por ciento de $7,500), ó $90,000 al año, para sentirse cómodo al comprar la casa.

Muchas personas compran sus viviendas sin hacer estos sencillos cálculos (se pueden encontrar calculadoras similares en varios sitios de Internet). Al cambiar las variables (precio, pago inicial, tasa de interés, impuestos y el seguro), descubrirá que los pagos mensuales pueden variar considerablemente.

Tan sólo asegúrese de permanecer en el nivel del 28 por ciento (o por debajo del mismo) para evitar la trampa de comprar más casa de lo que se puede permitir.

HIPOTECA—ESTUDIE LAS TASAS DE INTERÉS

Dos de los mayores factores que pueden afectar su pago de la hipoteca son las tasas de interés y la duración de la hipoteca. Primero, hablemos de las tasas de interés. He aquí unos consejos sencillos: Consiga la menor tasa posible sin tener que pagar puntos o cargos adicionales.

No importa de qué banco o prestamista obtenga su hipoteca (siempre que sea de confianza). Con toda probabilidad, su hipoteca se le venderá a uno o más prestamistas durante la vigencia de su préstamo. Para usted, eso no significará otra cosa salvo que estará llenando su cheque para otra persona.

Por lo tanto, busque la tasa más baja posible. Mi recomendación es usar un corredor de hipotecas bien conocido de la localidad, que pueda examinar cientos de prestamistas (de diferentes estados) y encontrar el que tiene las tasas más bajas y las mejores condiciones (cargos bajos, sin puntos y costes de cierre mínimos). Una salvedad que hay que recordar: Los corredores de hipoteca se ganan sus honorarios acercando prestatarios a los prestamistas. Sin embargo, también construyen su reputación y su negocio trayéndoles buenas ofertas a los prestatarios (tasas de intereses favorables).

Investigue por su cuenta a través de Internet y vaya a un par de bancos de la localidad. Recuerde, los agentes de préstamos bancarios se limitan a ofrecer las tasas ofrecidas por su banco específico.

Cuando esté listo para conseguir el préstamo, siéntese con el corredor de hipotecas, y compare las tasas/condiciones del corredor con la información que usted encontró.

Recuerde, usted está buscando la tasa más baja con las mejores condiciones independientemente de la entidad crediticia.

Principio 69

HIPOTECA— CONSIGA UNA HIPOTECA A QUINCE AÑOS

Si bien no hay "una talla única para todos" con las tasas hipotecarias, para mí está claro que una hipoteca a quince años es su mejor opción. Una hipoteca a quince años (versus una hipoteca a treinta años) logra dos cosas: (1) se asegura de que usted no esté comprando la casa que no se puede permitir, y de manera importante, (2) le ahorra decenas de miles de dólares.

Un ejemplo le mostrará el por qué:

Opción A: Una hipoteca a treinta años

- Hipoteca por $200,000, a treinta años, 6.5 por ciento de tasa de interés (las tasas de interés para hipotecas a treinta años, por lo general, son al menos un 0.5 por ciento más altas que para las hipotecas a quince años)
- Pago mensual: $1,264
- Intereses pagados durante la vigencia del préstamo: $255,089

Opción B: Una hipoteca a quince años

- Hipoteca por $200,000, a quince años, 6 por ciento de tasa de interés
- Pago mensual: $1,687
- Intereses pagados durante la vigencia del préstamo: $103,788

La hipoteca a quince años le cuesta $423/mes más que la hipoteca a treinta años. Sin embargo, **con la hipoteca a quince años usted paga $151,301 menos en intereses.** De manera importante, con la hipoteca a quince años, usted será el propietario de su casa quince años antes de lo que sucedería con la hipoteca a treinta años.

No voy a entrar en detalles con distintos tipos de hipotecas (tasa de tipo variable, 'jumbo', etc.). Yo creo que una hipoteca fija a quince años le permite manejar eficazmente su presupuesto sin meterse en problemas por "apostar" que va a vender su casa antes de lo esperado.

Lección sobre el Seguro

ELIJA SIEMPRE EL MÁS ALTO DEDUCIBLE EN SEGURO PARA EL HOGAR Y PARA EL AUTOMÓVIL

Si bien usted espera no tener que usarlo nunca, debe tener un seguro en estas dos áreas. Sin un seguro de la casa o del vehículo, usted podría perder todo cuanto tiene (y más). Tan sólo debe asegurarse de no pagar primas altas (pagos). El mejor modo de manejar esto es protegiéndose contra el peor de los casos (o de casos catastróficos).

Primero, asegurémonos de que usted entiende qué es un deducible. Un deducible es la cantidad de dinero que la parte asegurada debe pagar antes de que la empresa de seguros empiece a reembolsar al asegurado por las pérdidas. Las compañías de seguros incluyen un deducible en sus pólizas para evitar el pago de beneficios de reclamos de relativamente escasa cuantía.

Un ejemplo debería ayudarle a entender esto mejor. Si usted se encontrase en un accidente automovilístico que causó $3,000 en daños y su deducible fuese de $500, entonces su compañía de seguros le reembolsaría $2,500 de la pérdida.

Cuanto más alto sea su deducible, tanto más baja será su prima del seguro. Por tanto, no tiene sentido reportar daños menores a su compañía de seguros. Una vez que se cubre el deducible, a usted le harán un reembolso por el resto de los daños. Sin embargo, con frecuencia, sus primas de seguro futuras aumentarán para compensar más que el reembolso que recibió por los daños.

Si usted, constantemente, reclama pérdidas de seguro, se le considerará un individuo de alto riesgo. Esto resultará, o bien en costos significativamente aumentados para el seguro o en que las compañías de seguros se nieguen a asegurarle.

Recapitulemos:

1. Usted necesita seguro de la vivienda y del automóvil.
2. Adquiera un seguro que tenga el deducible más alto para el automóvil y la vivienda (generalmente, como mínimo $1,000).
3. Hágale una reclamación al seguro sólo para ocurrencias catastróficas (de valor elevado).

SEGURO DEL ARRENDATARIO— NO SE OLVIDE DE OBTENERLO

Este es un principio fácil de olvidar (o de pasar por alto), pero no lo haga. Usted, inclusive puede creer que no lo necesita y que el seguro del edificio del propietario lo cubre todo. ¡Incorrecto!

La póliza del seguro del propietario no cubre ninguno de sus bienes personales. Por tanto, si el departamento se incendia o alguien le roba sus cosas, entonces usted no recuperará nada a menos que haya adquirido un seguro de arrendatario.

Peor aún, ¿qué pasa si alguien se resbala y se lesiona en el pasillo y se encuentra que fue culpa de usted? ¿Qué pasa si se producen daños causados por agua y arruinan todas sus posesiones? Todas estas son situaciones improbables, pero usted sigue teniendo que estar protegido.

El seguro de arrendatario le protege contra el daño o la pérdida de bienes personales. Al adquirir el seguro de arrendatario (o el seguro de propietario), usted necesita pensar en estas cuatro cosas:

- **¿Cuánta cobertura necesita?**—Piense en todos los bienes personales que tiene y protéjase contra toda pérdida.
- **Deducible**—Mi consejo es que siempre obtenga el deducible más alto posible. Eso baja su prima del seguro (costo) y le protege contra pérdidas catastróficas.

- **Coste de reposición**—Cuesta un poquito más, pero establece el valor real de reposición del elemento sin deducción por depreciación.
- **Inventario**—Haga un inventario de todas las "cosas" que posee. Grabar en video todas sus pertenencias será de ayuda en caso de que necesite reclamar una pérdida.

La buena noticia es que el seguro de arrendatario no es caro. No debería costarle más de doscientos dólares al año. Mi esperanza es que nunca llegue a tener que utilizarlo. Sin embargo, si alguna vez le sucede algo a sus propiedades personales, estará contento de haber recordado adquirirlo.

Principio 72

USTED DEBE TENER UN SEGURO DE SALUD

Con toda la atención reciente que se le ha dado al seguro de salud, esto debería darse por sentado. Sin embargo, cuando usted recién comienza a trabajar, es probable que no tenga esto presente.

Usted, probablemente, tuvo un seguro de salud manejado por sus padres y crea que todo el mundo tiene algún tipo de seguro de salud. En realidad, cuarenta y seis millones de norteamericanos no tienen un seguro de salud. ¡Usted necesita asegurarse de no ser uno de ellos!

Si su empleo se lo proporciona, asegúrese de aprovecharse de éste. Si acepta un empleo que no se lo proporciona, cerciórese de obtener un seguro. Si usted es una persona que ha salido de la escuela y que está desempleado (o se encuentra desempleado y sin seguro por un periodo de tiempo), cerciórese de adquirir un seguro de salud.

Si usted no tiene un seguro de salud, está tomando un riesgo considerable. Los costes sanitarios anuales para un individuo que está sano ascienden a miles de dólares.

Para las personas que desarrollan una enfermedad crónica o que necesitan hospitalización, los costes se elevan a montos de seis cifras. Sin un seguro de salud, no sólo no va a estar cubierto para una u otra situación, sino que también será difícil (si no imposible) conseguir alguna vez cobertura para la enfermedad crónica.

Obviamente, esto sería una pesadilla tanto física como financiera. No se deje a sí mismo expuesto a una potencial bancarrota. Cerciórese de estar en todo momento cubierto por un seguro de salud.

UN SEGURO DE VIDA TEMPORAL ES LO QUE MEJOR FUNCIONA PARA ADULTOS JÓVENES

Un seguro de vida temporal proporciona la protección del seguro de vida por un periodo de tiempo determinado. Si usted muere durante ese periodo, a su beneficiario le pagan el valor por el que usted estuvo asegurado. A diferencia de otras formas de seguros de vida, usted está pagando sólo por el costo de asegurar su vida.

Otras formas de seguro son más complicadas y se pueden usar como opciones de inversión (sin embargo, en mi opinión, estas son caras). De hecho, los honorarios pagados por otros tipos de pólizas de seguros de vida pueden ser exorbitantes. Mi consejo es que los evite, a menos que entienda plenamente el impacto financiero. La mayoría de los expertos consideran al seguro temporal como el mejor valor por el dinero que invierte en sus seguros. Es fácil de entender y fácil de adquirir.

Usted puede adquirir un seguro de vida temporal por periodos de cinco, diez, veinte y de treinta años. Si adquiere un seguro de vida temporal, cerciórese de que es renovable y no cancelable. Asimismo, algunas pólizas de seguro de vida temporal le permiten, en una fecha posterior, convertirlas en pólizas permanentes. Esto podría ser favorable para usted, en la medida en que el coste no sea prohibitivo.

Rentabilidad: El seguro de vida temporal maximiza su cobertura por un coste mínimo y es más barato cuanto más joven sea. Esto se debe a que sus probabilidades de morir son mucho menores cuanto más joven sea usted. Por tanto, las compañías de seguros no tienen que pagar estas pólizas con la frecuencia que lo hacen por aquellas personas que tienen más edad. ¡Es perfecto para adultos jóvenes!

Sugerencias rápidas

Principio 74

SI SE LO OFRECEN, ACEPTE EL PAGO INICIAL DE LA CASA (O UN CHEQUE POR UNA GRAN SUMA) VERSUS UNA GRAN BODA

Si tiene la suerte de que alguien se ofrezca a pagarle su boda, pídale a esa persona (de forma amable) que, en su lugar, le obsequie el dinero. Usted querrá hacer esto por varias razones:

1. Una boda es sólo un día, mientras que usted puede usar el dinero para dar un impulso a todo su futuro.

2. Usted puede tener una boda tan memorable con un presupuesto bajo como la puede tener con un presupuesto alto (mi esposa y yo hicimos eso ya que nadie se ofreció a pagarnos la nuestra). De hecho, puedo garantizar que una boda excelente no es directamente proporcional al monto de dinero gastado en la boda.

3. Usar el dinero le sitúa en la mentalidad correcta mientras empiezan su vida juntos. Establece la base para la filosofía de disfrutar de la vida al máximo mientras hace una gestión eficaz de su dinero.

Preste atención en este punto: Usted va a aprender mucho sobre su vida financiera futura con su cónyuge durante el proceso de planificación de la boda. Asegúrese de que los gastos de su boda sean coherentes con su proceso mental respecto a sus finanzas.

NO INVIERTA SU TIEMPO Y DINERO EN PROGRAMAS DE MARKETING MULTINIVEL

Evite los programas de marketing multinivel como a una plaga. Le garantizo que en algún momento (en realidad, sucederá en más de una ocasión) le abordará una persona (muy probablemente, un amigo, un compañero del trabajo, o incluso un pariente) diciendo que tiene una "oportunidad grande e inigualable para usted". Esto vendrá en la forma de una presentación que le ofrece una enorme cantidad de dinero por la venta de un producto que "se vende solo" debido a las cualidades del producto.

De hecho, el dinero en estos programas de marketing multinivel se hace mediante el reclutamiento de otros (quienes reclutan a otros) para vender los productos. Para algunas personas, estoy seguro de que eso funciona. Para la gran mayoría, se convierte en un desperdicio de inversión, una pérdida de tiempo e incluso en una pérdida de amistades (a medida que intenta reclutar a otros).

Por favor, no emplee tiempo, energías ni recursos financieros en programas de marketing multinivel.

Principio 76

CONDUZCA SU AUTO HASTA QUE ÉSTE DEJE DE FUNCIONAR

Aunque sea tentador, no compre autos nuevos con regularidad. Siempre que tiene algo viejo, no puede evitar sentir la tentación de comprar una nueva versión. El amor de los norteamericanos por los autos (y la constante publicidad de la industria automovilística) nos hace sentir que tenemos que tener un auto nuevo cada tres años, más o menos.

Si lo hace, será un error sumamente costoso. Ahora, se fabrican los autos para que duren varios años (la mayoría puede durar más de una década, si se le da el mantenimiento apropiado). Dado su alto costo, ¿por qué no aprovechar su durabilidad?

Conduzca su auto por tanto tiempo como sea seguro hacerlo. Ahorrará miles de dólares a lo largo de su vida al adherirse a este principio.

LEA SU MANUAL DEL AUTOMÓVIL DE PRINCIPIO A FIN

La mayoría de las personas se saltan este manual, o lo leen por encima. Sin embargo, contiene información valiosa que le ahorrará tiempo y dinero. He aquí tan sólo un par de ejemplos:

1. **Presión de los neumáticos**—El manual le indicará la presión correcta para el mantenimiento de sus neumáticos. Si hace eso (y verifica la presión de sus neumáticos mensualmente), entonces se ahorrará cientos—si no miles—de dólares a lo largo de la vida de su auto. El inflado adecuado de los neumáticos le ahorra dinero en gasolina (mejor millaje) y en el desgaste del auto. Además, puede salvar su vida impidiendo un reventón en carretera.

2. **Cambios de aceite**—Mucha gente asume que hay que cambiar el aceite cada tres mil millas. Eso, sencillamente, no es verdad; su manual le dirá exactamente con qué frecuencia cambiar el aceite. En muchos casos, su auto también le dirá cuando se necesita un cambio de aceite.

Al igual que con muchas otras áreas abarcadas en este libro, emplear más o menos una hora puede ahorrarle cientos de dólares. Por favor, preste atención a mi consejo y haga una sabia inversión de su tiempo.

Principio 78

NO ADQUIERA GARANTÍAS EXTENDIDAS EN AUTOS, PRODUCTOS ELECTRÓNICOS, ELECTRODOMÉSTICOS Y TELEVISORES

Las garantías extendidas rara vez valen la pena. Una razón es el costo frente al beneficio. Otra es que el contrato, generalmente. limita, ampliamente, la garantía. Lo más importante es que no—repito, no—se deje vender una garantía extendida por el concesionario de automóviles, sin importar la presión a la que el vendedor le someta.

Principio 79

NO COMPRE GASOLINA PREMIUM PARA SU AUTO— SIMPLEMENTE, NO VALE LA PENA

Yo he tenido un BMW, Audi, Acura, y un Cadillac y nunca les he puesto una gota de gasolina Premium en ninguno de sus motores. Todos estos autos han funcionado bien con gasolina regular y no les hizo ningún daño a sus motores.

Principio 80

NUNCA OPTE POR EL "ALQUILER CON OPCIÓN A COMPRA"

Ni siquiera me voy a molestar en hacer matemáticas con esto— no porque sea difícil, sino porque no garantiza un debate largo. En pocas palabras: Si usted acepta el "alquiler con opción a compra", usted no se puede permitir el producto que está alquilando. Entonces, ¡no lo alquile!

Principio 81

ES ACEPTABLE COMPRAR PRODUCTOS ALIMENTICIOS /FARMACÉUTICOS GENÉRICOS, Y HACERLO LE AHORRA UN MONTÓN DE DINERO

Un secreto poco conocido es que muchos de los productos genéricos (también conocidos como con etiqueta privada, o marca de la tienda) son fabricados por fabricantes de principales marcas. Siempre que resulte ventajoso, compre el producto genérico.

Sorprendentemente, he descubierto que los productos cuestan de un 30 a un 50 por ciento menos, pero saben y funcionan igual que sus contrapartes de marca. El dinero de los comestibles va sumando. Esta es otra área donde he ahorrado miles de dólares en los pasados treinta años.

Principio 82

TRAIGA SU ALMUERZO AL TRABAJO TAN A MENUDO COMO SEA POSIBLE

No haga esto todos los días. Perderá conexiones y oportunidades de crear lazos con compañeros de trabajo. Sin embargo, si hace esto de dos a tres veces a la semana, ahorrará más de $500 al año.

Principio 83

NO COMPRE LA PRIMERA GENERACIÓN DE UN PRODUCTO; ESPERE HASTA LA SEGUNDA, TERCERA O CUARTA

Piense en los televisores de pantalla grande. Recuerde lo costosos que eran cuando aparecieron por primera vez. Usted no tiene que ser el primero en todas las cosas. La tecnología mejora los productos y hace que bajen los costos.

Principio 84

INVIERTA EN PROTECCIÓN CONTRA SOBRECARGAS PARA SUS APARATOS ELECTRÓNICOS CAROS

Invertir unos dólares le ahorrará miles de dólares en pérdidas. Si no lo hace, es muy probable que en algún momento de su vida, pierda esa costosa pieza de equipo electrónico durante una tempestad.

Principio 85

INVIERTA EN UNA CAJA FUERTE A PRUEBA DE INCENDIOS

Cuando empieza su viaje en la vida, es probable que piense que no tiene nada valioso—sin duda, nada que precise ponerse en una caja fuerte, ya que tiene poco dinero, o ninguno. Bien, piénselo de nuevo.

Incluso durante el primer par de años como adulto joven, usted empezará a acumular documentos que son insustituibles. Si estos son insustituibles, entonces pueden suponer una molestia o gasto importante para reemplazarlos.

Los artículos que se han de poner en su caja fuerte incluyen estos:

- Certificado de nacimiento
- Tarjeta de la Seguridad Social
- Certificados de acciones y bonos
- Pólizas de seguros
- Título del auto
- Título de su vivienda
- Expedientes financieros y fiscales (copia de seguridad informática)
- Artículos personales importantes (joyas, fotos, etc.)

Además de tener la seguridad de una caja fuerte, poner todo lo importante en un lugar hace que sea mucho más fácil de manejar su vida. Puede usar la caja fuerte como un cajón de sastre en el que coloque los artículos más valiosos que usted posee.

Principio 86

CREE UN SISTEMA DE ARCHIVO DOMÉSTICO PARA HACER UN SEGUIMIENTO A TODOS SUS REGISTROS FINANCIEROS

Los archivos deberían incluir lo siguiente:

- Estados de cuenta bancarios
- Extractos/recibos de tarjetas de crédito
- Impuestos
- Facturas/recibos médicos (guarde las facturas de médicos, dentistas, y oculistas así como las recetas, por separado)
- Cuentas de inversión
- Facturas de servicios y de mantenimiento
- Pólizas de seguros y cualquier otra cosa que sea parte de su vida financiera

Tenga la seguridad de que tener un sistema de archivos para sus registros financieros le ahorrará miles de dólares en su vida. Cuando surjan cuestiones relacionadas con las facturas, pagos u otras cuestiones financieras, usted tendrá la respuesta al alcance de su mano.

ADMINISTRE SU FACTURA DE ELECTRICIDAD

Es sorprendente el ahorro que va a lograr si administra, de forma activa, la cantidad de electricidad que utiliza en su casa o departamento. Si desea ahorrar dinero en su factura de electricidad, aquí hay algunas cosas a tener en cuenta:

1. Reemplace todos los focos de luz con fluorescentes compactos; durarán diez veces más y le ahorrarán un 50 por ciento o más en sus costos de electricidad actuales.

2. Apague las luces y aparatos electrónicos (incluida su computadora) cuando no los esté usando. Esto le ahorrará miles de dólares a lo largo de su vida.

3. Aumentar su termostato en tan sólo un grado en el verano disminuirá su uso de energía en un 3 o 4 por ciento. Lo mismo se puede decir para disminuir su temperatura de calefacción en el invierno.

4. Use ventiladores de techo en lugar de aire acondicionado siempre que sea posible.

5. Lave toda la ropa con agua fría; lavar la ropa con agua caliente es varias veces más caro.

6. Al comprar una nueva lavadora, compre una lavadora de carga frontal en lugar de una de carga superior.

7. Mantenga la temperatura de su refrigeradora entre 38 y 40 grados y su congelador entre los 0 y los 5 grados.

Principio 88

APRENDA CÓMO REPARAR "COSAS"

Reparar "cosas" no es lo mío. No sé reparar autos, bicicletas, nada mecánico, ni nada asociado con mi vivienda. De hecho, si intento reparar algo, me cuesta más dinero que reemplazar el artículo.

Con los años, me ha costado miles de dólares contratar a personas para reparar las "cosas" que yo debería de ser capaz de reparar por mí mismo. No sea como yo. Tome clases para la mejora del hogar, aprenda de sus amigos y familiares, lea sobre gasfitería sencilla y reparaciones en el hogar en internet.

Sin embargo, recuerde mi advertencia. No intente reparar cosas en las que usted no tiene capacidad para reparar.

LEA CADA LÍNEA DE TODOS LOS CONTRATOS QUE FIRME

Me sorprende cómo mucha gente firma un contrato largo sin tomarse el tiempo para leerlo. A menudo, preguntan a la persona con la que están firmando el contrato: "¿Hay algo importante que deba leer?"

Piense en lo ridículo que es eso. La otra parte del contrato tiene un incentivo para que usted firme un contrato que es ventajoso para él o ella. Por favor, comprenda que la mayoría de la gente no está tratando de engañarlo, ni de timarlo. Sin embargo, habrá muy pocos que sí lo harán.

Incluso si el contrato es muy sencillo, tiene sentido entender lo que está firmando. Tómese el tiempo para leer y entender todo lo que está en el contrato antes de firmarlo. Usted queda obligado con cualquier cosa que firme. No puede retroceder un año más tarde y decir: "Oh, eso no lo vi", o: "Eso no lo entendí".

Haga las modificaciones apropiadas a un contrato y encárguese de que usted y la otra parte introduzcan los cambios. Por otra parte, como dije antes, asegúrese de guardar sus contratos en un archivo adecuado.

Los contratos más importantes que firmará son los contratos hipotecarios, los de alquiler/arrendamiento, los contratos de préstamo de automóviles y los contratos de empleo. Si tiene alguna duda sobre estos contratos importantes, debe hacer que un abogado les eche una mirada.

Le garantizo que al leerlo y entender plenamente todo contrato que firma, en algún momento va a evitar algún error crítico que le habría costado miles de dólares.

Principio 90

EVITE LAS DEMANDAS A MENOS QUE SEAN ABSOLUTAMENTE NECESARIAS

Recuerde mis palabras: En algún momento de su vida, usted sabrá que está, absolutamente, en todo su derecho, de demandar a alguien. A menos que el beneficio económico sea importante (como mínimo $100.000), aléjese (o llegue rápidamente a un acuerdo extrajudicial). Incluso si el beneficio económico es importante, antes de decidirse a continuar con el asunto, se necesita tener en cuenta el tiempo y energía requeridos para ganar la demanda.

Yo vengo de una familia de abogados, y cada uno de ellos recomienda evitar las demandas. Rara vez tiene sentido en el aspecto económico demandar a alguien. La mayoría de las veces, los abogados se comerán más dinero del que se puede ganar en la demanda. Por lo general, esto no es culpa de ellos. Es debido a que el cliente quiere ganar a toda costa.

Al menos en dos ocasiones, he tenido claramente la "razón" y sabía que acabaría (años más tarde) ganando mi demanda. Sin embargo, decidí no iniciar la demanda. Tomé la decisión correcta de que el dinero, tiempo y energía empleada superaban el posible dinero que ganaría por persistir en la demanda. De hecho, resolverlo extrajudicialmente puede dar lugar a un acuerdo económico más favorable para usted.

Lo mismo sucede a la inversa. Si parece que alguien va a iniciar una demanda contra usted, intente llegar a un acuerdo antes de que la otra parte tome acción legal. Si ambas partes pueden pensar racionalmente en lugar emocionalmente, ambas partes encontrarán el modo de beneficiarse.

Principio 91

NO HAGA ACUERDOS VERBALES PARA NINGUNA COMPRA O VENTA DE IMPORTANCIA

Si bien los acuerdos verbales, en general, son tan válidos (y legalmente vinculantes) como los acuerdos por escrito, es mucho más difícil hacerlos cumplir. Por tanto, para cualquier producto o servicio de valor de importancia que tenga condiciones específicas, asegúrese de tener un contrato por escrito.

Si, por alguna razón, ha llegado a un acuerdo verbal, hágale un seguimiento con un correo electrónico detallando los términos del acuerdo. Esto, es muy que probable que bastará para probar los términos de su oferta en un tribunal de justicia.

Siga este principio, sin importar, quién sea la otra parte. A menos que lo tenga por escrito, es probable que usted termine llevándose la peor parte.

OBTENGA SUS LIBROS EN LA BIBLIOTECA

Mi esposa me vio escribiendo este libro e insistió en que incluyese este principio. Después de explicarme su razón de ser, resultaba obvio. Sin contar los libros que nuestros hijos leían, nosotros dos leíamos unos seis libros al mes. Llevamos juntos veinte años.

Obtener nuestros libros de la biblioteca nos ha ahorrado cerca de $15,000 (y eso es comparándolo con la compra de libros de bolsillo, no con libros de tapa dura). Sin embargo, no obtenga este libro en la biblioteca. ¡Usted querrá guardarlo para una consulta posterior!

Principio 93

CUADRE SU CUENTA CORRIENTE TODOS LOS MESES, NO EXTIENDA CHEQUES SIN FONDOS, Y UTILICE SÓLO CAJEROS AUTOMÁTICOS DE SU BANCO

Cuadre su cuenta corriente mensualmente es imperativo si quiere administrar su dinero de manera responsable. Si no sabe cómo hacerlo, entonces pregunte a alguien de su banco para que se lo muestre. Esta persona se sentirá más que feliz de orientarlo en todo el proceso.

Extender un cheque sin fondos constituye una fuerte advertencia de que no está administrando su dinero eficazmente. Lamentablemente, la mayoría de adultos jóvenes hacen eso más de una vez. Si usted está haciendo eso, probablemente significa que no está cuadrando su cuenta corriente mensualmente.

Los cargos por sobregiro (es decir, cheques sin fondos) han aumentado considerablemente en los últimos años. Espere pagar $75 o más por un cheque sin fondos. Resultaría tan fácil no tener que hacer eso nunca. Sólo lleve un seguimiento, de manera precisa, de su cuenta corriente, y no extienda un cheque por algo que no se puede permitir comprar.

Un recordatorio de menor importancia respecto a la banca es usar únicamente el cajero automático de su banco, Si usa los de otros bancos, le cobrarán una cuota que puede estar entre $2 y $5 por cada transacción. Básicamente, estará pagando por nada. Tenga en cuenta, que si usted es fiscalmente responsable, cada dólar mal empleado cuenta, así que sea inteligente en el uso de su cuenta bancaria.

Principio 94

ABRA UNA CUENTA CORRIENTE Y UNA CUENTA DE AHORROS

Es importante no poner todo su sueldo en una cuenta corriente. Un modo seguro para hacer eso es abrir tanto una cuenta corriente como una cuenta de ahorros.

Haga que depositen su sueldo automáticamente en ambas, en su cuenta corriente y en su cuenta de ahorros. Para calcular qué monto va a la cuenta corriente y qué monto va a la cuenta de ahorros, necesitará elaborar un presupuesto (ver principio 13).

Deberá guardar suficiente en su cuenta corriente para poder pagar aproximadamente el valor de dos meses de todas sus facturas. Incluya un poco más si se va a ir de vacaciones, o sabe de un pago importante que necesita hacer pronto.

Lo crea o no, esto se traduce en ahorros habituales. No tiene que pensar en ello cada dos semanas. Los ahorros forzados simplemente se producen. De no hacerlo, de alguna forma, acabará gastándose el dinero.

El siguiente paso clave es invertir periódicamente los ahorros que pone en su cuenta de ahorros (tras reservar lo necesario para su fondo de emergencia). La frecuencia depende del monto que ahorre. En los primeros dos o tres años de su vida laboral, se debe hacer anualmente. Después, busque algo en lo que pueda invertir mensualmente (por ej., un fondo mutuo).

Conserve esta cuenta de ahorros durante su edad adulta, y verá sus ahorros crecer a medida que crecen sus ingresos.

Principio 95

NO EXISTE TAL COSA COMO UNA CUENTA CORRIENTE GRATIS

Aquí hay unas cuantas cosas más en las que pensar cuando decide respecto al banco:

1. Cerciórese de entender que el término cuenta corriente "gratis", generalmente incluye tener algún tipo de saldo mínimo. Si usted no mantiene ese mínimo en su cuenta, entonces le cobrarán por tener una cuenta corriente.

2. Use Internet (bankrate.com es una buena página web) para hallar las mejores tasas para bancos, préstamos, ahorros, etc. Vaya con el banco que ofrezca la tasa de ahorro más alta y la tasa de préstamos más baja (pueden ser distintos bancos).

3. Pida a su banco descuentos y las "últimas ofertas". Los bancos no son eficaces en la comunicación de esto a sus clientes, así que pregúnteles trimestralmente si está obteniendo sus mejores tasas y servicios.

4. Eluda a su banco y compre cheques baratos directamente del impresor. Le ahorrará $10 o más cada vez que solicite cheques.

5. Pida a su banco protección contra sobregiro. Si usted es un buen cliente, lo más probable es que el banco se la dé.

6. Si todas las cosas son iguales, elija un banco de la localidad.

Los bancos quieren su negocio, y usted puede hacer que trabajen para usted—siempre y cuando usted elija el "correcto" y, efectivamente, haga las decisiones correctas respecto a su cuenta.

CONSIGA UN BUEN CONTADOR (EN QUIEN PUEDA CONFIAR)

Es probable que piense que puede llevar la contabilidad de sus propios impuestos debido a que no tiene muchos. Con frecuencia, está en lo cierto. Sin embargo, no es caro contratar a un contador para hacer una simple declaración de impuestos y va a necesitar uno a medida que sus ingresos y sus bienes crecen.

Aquí hay algunas cosas a considerar cuando se elige a un contador:

1. **Títulos**—Definitivamente querrá un contador que sea Contador Público Colegiado (CPA, por sus siglas en inglés).

2. **Edad/experiencia**—Usted querrá a alguien que tenga varios años de experiencia, pero que sea lo bastante joven como para hacer su declaración de impuestos durante muchos años por venir.

3. **Referencias/reputación**—Llame a algunas de las personas que usan servicios contables.

4. **Disponibilidad**—Asegúrese de que puede obtener citas y realización de servicios de manera oportuna.

5. **Honorarios**—Pregunte esto por adelantado para no llevarse una sorpresa después (y compare los honorarios con los que están cobrando otros contadores en la zona).

Si puede hallar a un contador que pueda usar por muchos años, él o ella crecerá con usted y le ayudará a maximizar su dinero antes de impuestos. Inicialmente, puede que el contador no le ahorre mucho, pero a medida que crezcan sus ingresos, esta persona va a saber cómo ahorrarle impuestos mediante la recomendación de estrategias efectivas.

Principio 97

USE DINERO EN EFECTIVO TAN A MENUDO COMO SEA POSIBLE

Hago esto por el simple hecho de que usted siente el impacto del gasto cuando tiene que usar dinero en efectivo en vez de un cheque o una tarjeta de crédito. Es mucho más fácil gastar de más cuando simplemente se está firmando una hoja de papel en lugar de entregar en efectivo el dinero ganado con tanto esfuerzo.

ABORDE SU EMPLEO SIGUIENDO LA REGLA PCP: PASIÓN, COR-DIALIDAD Y PERSISTENCIA

Mostrar estas tres características garantizará que nunca sea despedido de un empleo (por tanto, garantizándole un empleo de por vida e ingresos de por vida). Permita que le explique:

Pasión—La pregunta más importante que les hago a las personas en una entrevista de trabajo es: "¿Qué es lo que le apasiona?" Si una persona puede trasladar esta pasión al trabajo, no hay duda de que tendrá éxito. A las personas les gusta estar alrededor de aquellas que son positivas y apasionadas. La pasión que irradian les lleva más allá de los obstáculos que para otros constituyen un impedimento en el camino hacia el éxito.

Cordialidad—Decir: "Por favor" y "Gracias" le llevará lejos en la vida. Suena tonto, pero, créame, es cierto. No dé a los demás por sentado; en lugar de eso, hágales sentirse apreciados. Le prometo tres cosas: Mostrar aprecio hará que los demás se sientan bien, le hará a usted sentirse bien, y le será de ayuda profesionalmente. Es increíble cuántas personas se olvidan de esto en sus vidas profesionales.

Persistencia—La mitad de la batalla consiste en aparecer todos los días y poner su mejor esfuerzo detrás de lo que está haciendo.

Si se esfuerza al máximo todo el tiempo, nadie le va a despedir nunca, y como resultado, usted se encontrará en un lugar seguro económicamente.

Al comienzo de este principio, le dije que siguiendo este principio le garantizará que nunca sea despedido. De hecho, si sigue este principio, se sorprenderá de lo exitoso que terminará siendo. Y, cuanto más éxito tenga, tanto más probable será que tenga dinero para regirse según los principios de este libro.

Principio 99

PARA LA ADMINISTRACIÓN EXITOSA DEL DINERO PERSONAL TODO DEPENDE DE USTED

Usted debe reconocer que es el único responsable de su éxito o su fracaso financiero. Este es un principio simple y fundamental que la mayoría de la gente se niega a creer. Las personas creen que son víctima de malas circunstancias o de gente que se aprovecha de ellos. Sin embargo, en la mayoría de situaciones, son ellos los que se metieron en problemas financieros.

Usted les oirá decir cosas como: "Me metieron en una hipoteca con una alta tasa de interés", "Yo no sabía que había cargos extra", y "Mi pago del coche es demasiado alto". ¿De quién es la responsabilidad de efectuar las decisiones financieras que hicieron?

Si se da cuenta que debe gestionar sus finanzas en forma activa y asumir la responsabilidad de sus decisiones financieras, usted tendrá éxito en hacerlo de manera eficaz. La clave es la gestión activa. Haga preguntas. Conozca su presupuesto. Mire el largo plazo.

En pocas palabras: prestar atención a los consejos que se ofrecen en este libro, y desarrollar sus propios principios. Usted y sólo usted, puede asegurar el gestionar de forma eficaz su vida financiera.

Hago la pregunta una vez más: ¿Por qué no me enseñaron esto en la escuela?

EPÍLOGO

Y, chicos, el mejor consejo que les puedo dar es "Cuanto más duro trabajen, más suerte tendrán".

Escrito con amor, Papá

Si tiene alguna pregunta o desea recibir capacitación personalizada individual o para un grupo en la administración del dinero personal, póngase en contacto conmigo a carysiegel@yahoo.com o visite mi página web whydidnttheyteachmethisinschool.com.